O LIVRO DOS CINCO ANÉIS

Título original: *The book of five rings*

O livro dos cinco anéis
1ª edição: Agosto 2022

Autor:
Miyamoto Musashi

Tradução:
Marcia Men

Preparação de texto:
3GB Consulting

Revisão:
Leticia Teófilo, Rebeca Michelotti

Projeto gráfico:
Anna Yue

Capa:
Dimitry Uziel

DADOS INTERNACIONAIS DE CATALOGAÇÃO NA PUBLICAÇÃO (CIP)

Miyamoto, Musashi, 1584-1645
O livro dos cinco anéis / Musashi, Miyamoto ; tradução de Marcia Men. — Porto Alegre : Citadel, 2022.

144 p.

ISBN: 978-65-5047-165-1

Título original: The book of five rings

1. Ciência militar – Japão – Século XIX 2. Samurais – Japão – Século XIX I. Título II. Men, Marcia

22-3251 CDD 355.547

Angélica Ilacqua - Bibliotecária - CRB-8/7057

Produção editorial e distribuição:

contato@citadel.com.br
www.citadeleditora.com.br

MIYAMOTO MUSASHI

O LIVRO DOS CINCO ANÉIS

Tradução:
Marcia Men

2022

SUMÁRIO

Introdução 11

CAPÍTULO 1
O Livro da Terra 17

O Caminho da Estratégia 20
Comparando o caminho do carpinteiro com o da Estratégia 23
Caminho da Estratégia 25
Linhas gerais dos cinco livros desta obra sobre Estratégia 26
Sobre nomear esta escola individual como "Espada Dupla" 30
O benefício de duas pessoas lerem a "Estratégia" 33

O benefício das armas na estratégia 34
Timing na estratégia 36

CAPÍTULO 2
O Livro da Água 43

Suporte espiritual na estratégia 46
Postura na estratégia 48
O olhar na estratégia 49
Empunhando a espada longa 50
Jogo de pés 51
As cinco posturas 51
O caminho da espada longa 53
As cinco abordagens 54
O ensino da "postura sem postura" 59
Acertar o inimigo "em um instante" 61
O "centro dos dois tempos" 61
Sem projeto, sem concepção 62
O "corte da água corrente" 63
Corte contínuo 63
Fogo e pedras 64
Golpe das folhas vermelhas 64
O corpo no lugar da espada longa 65

Retalha e corta 66
Corpo do macaco chinês 67
Emulsão de cola e verniz para o corpo 67
Lutar por elevação 68
Aplicar grude 68
Golpe de corpo 69
Três formas de aparar ataques inimigos 70
Perfurando o rosto 71
Perfurando o coração 71
O contragolpe “Tut-TUT!” 72
A pancada evasiva 73
Existem muitos inimigos 74
A vantagem ao chegar ao fim 75
Um corte 75
Comunicação direta 76

CAPÍTULO 3
O Livro do Fogo 79

Dependendo do local 83
Os três métodos para antecipar-se ao inimigo 84
O primeiro – Ken No Sen 85
O segundo – Tai No Sen 86
O terceiro – Tai Tai No Sen 87

Segurar o travesseiro 88
Travessia pelo raso 89
Reconhecer os momentos 91
Pisar a espada 92
Conhecer o "colapso" 93
Tornar-se o inimigo 94
Para soltar quatro mãos 95
Mover a sombra 96
Segurar uma sombra 97
Contagiar 98
Para causar desequilíbrio 99
Assustar 99
Embeber 100
Comendo pelas beiradas 101
Lançar em confusão 102
Os três gritos 103
Misturar 104
Esmagar 105
A mudança montanha-mar 106
Penetrar as profundezas 107
Renovar 108
Cabeça de rato, pescoço de boi 109

O comandante conhece as tropas 109
Soltar a empunhadura 110
O corpo de uma rocha 111

CAPÍTULO 4
O Livro do Vento 115

Outras escolas usando a espada extralonga 118
O espírito forte da espada longa em outras escolas 121
Uso da espada longa menor em outras escolas 122
Outras escolas com muitos métodos de usar a espada longa 124
Fixando os olhos em outras escolas 126
O uso dos pés em outras escolas 128
Velocidade em outras escolas 130
"Interior" e "superfície" em outras escolas 132

CAPÍTULO 5
O Livro do Vazio 137

INTRODUÇÃO

Venho treinando há muitos anos no Caminho da Estratégia, chamado Ni Ten Ichi Ryu, e agora acho que vou explicar por escrito pela primeira vez.

Estamos nos primeiros dez dias do décimo mês do vigésimo ano do Kanei (1645). Escalei a montanha Iwato de Higo, em Kyushu, para prestar homenagem aos céus, rezar para Kwannon e ajoelhar perante Buda. Sou um samurai da província de Harima, meu nome é Shinmen Musashi No Kami Fujiwara No Genshin, e tenho sessenta anos de idade. Desde jovem meu coração tinha a inclinação para o Caminho da Estratégia.

Meu primeiro duelo aconteceu quando eu tinha treze anos; derrotei um estrategista da escola Shinto,

Arima Kihei. Quando tinha dezesseis anos, derrotei o hábil estrategista Tadashima Akiyama. Quando tinha vinte e um anos, fui até a capital e conheci todo tipo de estrategistas, não sendo derrotado nem uma vez em várias disputas.

Depois disso, fui de província em província duelando com estrategistas de várias escolas, e não perdi nenhuma vez, mesmo tendo duelado cerca de sessenta vezes. Isso foi entre os treze e vinte e oito ou vinte e nove anos de idade. Quando cheguei aos trinta, olhei para meu passado. Minhas vitórias não se deviam ao fato de eu ter dominado a estratégia. Talvez tenha sido habilidade natural, ou um desígnio celestial, ou a estratégia das outras escolas eram inferiores.

Em seguida, estudei manhã e tarde à procura do princípio, e entendi o Caminho da Estratégia quando tinha cinquenta anos. Desde então, vivi sem seguir nenhum caminho específico. Assim, com a virtude da estratégia, pratiquei muitas artes e habilidades – tudo isso sem professor. Para escrever este livro, não usei as leis de Buda ou os ensinamentos de Confúcio, nem crônicas de guerras passadas ou livros sobre artes marciais. Peguei meu pincel para explicar o verdadeiro espírito desta escola Ichi como é refletida no Caminho Celestial e Kwannon. Estamos na noite do décimo dia do décimo mês, na hora do tigre (3h-5h da manhã).

CAPÍTULO 1

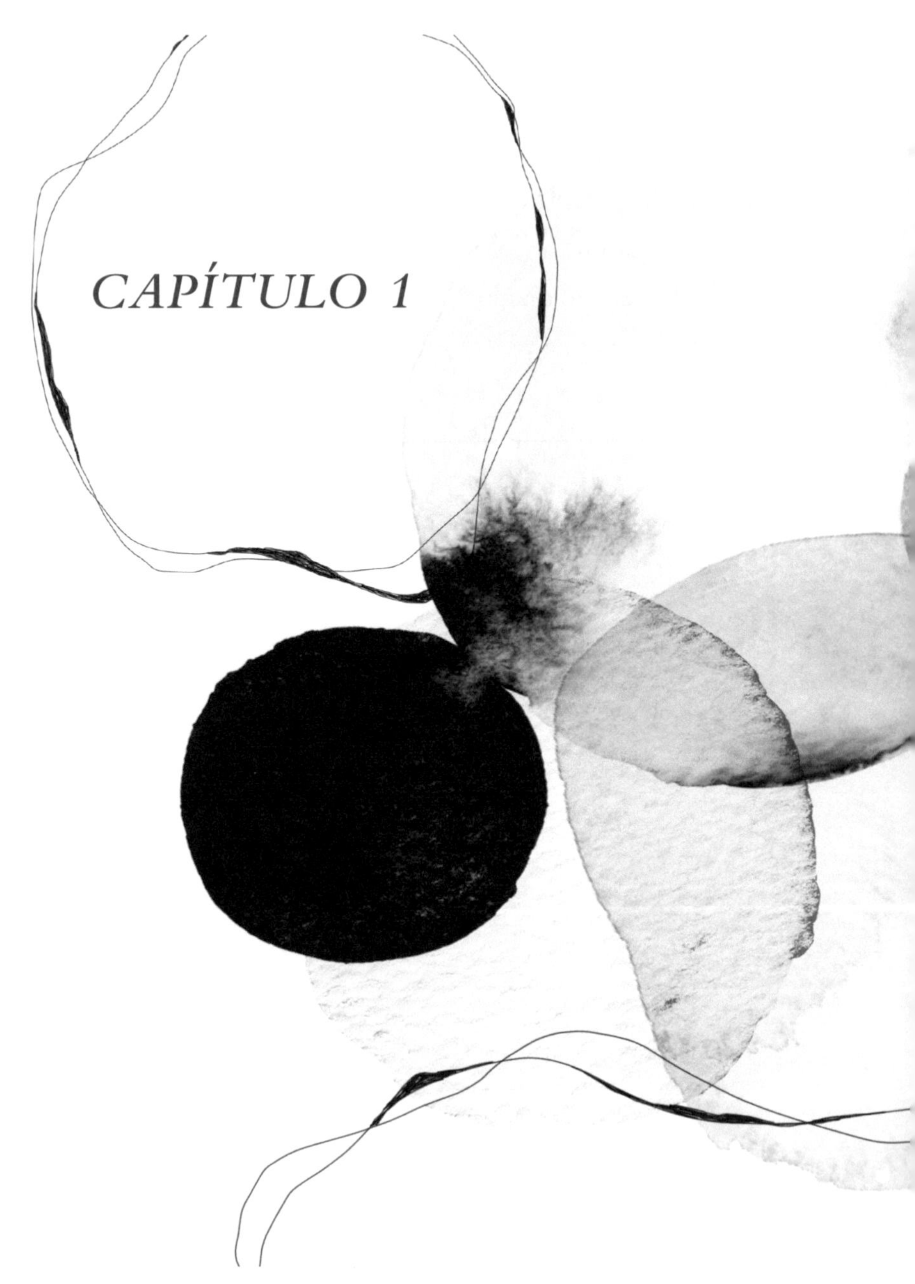

O LIVRO DA TERRA

A estratégia é o ofício do samurai. Comandantes devem aplicar o ofício, e soldados devem conhecer esse caminho. Não existe nenhum samurai no mundo hoje que realmente entenda o Caminho da Estratégia.

Existem vários caminhos. Existe o caminho da salvação pelas leis de Buda, o caminho de Confúcio governando o caminho do aprendizado, o caminho da cura dos médicos, e, como poeta, ensinando o caminho do Waka, chá, arquearia e muitas artes e habilidades. Cada homem pratica aquilo a que se sente inclinado. Dizem que o do samurai é o caminho duplo do pincel e da espada, e ele deve gostar de ambos os caminhos.

Se um homem não tiver habilidade natural, ele pode ser um samurai seguindo assiduamente ambas as divisões do caminho. Falando em linhas gerais, o caminho do samurai é a resoluta aceitação da morte. Embora se saiba que não somente samurais, mas também padres, mulheres, camponeses e gente comum morram prontamente por dever ou vergonha, isso é outra coisa. O samurai é diferente, pois seu estudo do Caminho da Estratégia é baseado em superar homens. Por meio de vitórias obtidas cruzando espadas com indivíduos, ou juntando-se em batalha com um grande número, podemos obter poder e fama para nós mesmos e nosso senhor. Essa é a virtude da estratégia.

O CAMINHO DA ESTRATÉGIA

Na China e no Japão, praticantes do Caminho ficaram conhecidos como "mestres estrategistas". Samurais devem aprender esse caminho.

Recentemente há pessoas sendo conhecidas no mundo como estrategistas, mas em geral são apenas espadachins. Os frequentadores dos santuários de Kashima Kantori, na província de Hitachi, recebem instruções dos deuses, e fazem escolas baseadas nesses ensinamentos, viajando de país em país instruindo os homens. Esse é o significado recente de estratégia.

Em tempos antigos, a estratégia era listada como uma prática benéfica entre as Dez Habilidades e Sete Artes. Era certamente uma arte, mas, como prática benéfica, não estava limitada à esgrima. O verdadeiro valor da esgrima não pode ser visto apenas dentro das limitações de suas técnicas.

Se olharmos para o mundo, veremos artes à venda. Os homens usam equipamentos para vender a eles mesmos. Como acontece com a noz e as flores, a noz se tornou inferior à flor. Nessa forma de Caminho da Estratégia, tanto aqueles que ensinam como aqueles que aprendem o caminho estão preocupados em colorir e exibir suas técnicas, tentando apressar o desabrochar da flor. Eles falam sobre "Este Dojo" e "Aquele Dojo". Estão em busca do lucro. Alguém disse certa vez que a "estratégia imatura é a causa da tristeza". Esse foi um dito verdadeiro.

Existem quatro caminhos por meio dos quais os homens podem passar pela vida: como cavalheiros, como fazendeiros, como artesãos e como mercadores.

No primeiro, o caminho do fazendeiro, usando instrumentos de agricultura, ele enxerga das primaveras até os outonos atento às mudanças das estações.

No segundo, o caminho do mercador, o produtor de vinhos obtém seus ingredientes e os coloca em uso para ganhar a vida. O caminho do mercador é sempre viver pelo lucro.

No terceiro, o caminho do cavalheiro samurai, ele carrega o arsenal de seu caminho.

O caminho do samurai é dominar as virtudes de suas armas. Se um cavalheiro não gosta de estratégia, não vai compreender o benefício dos armamentos; portanto, ele não deveria gostar disso ao menos um pouco?

No quarto, o caminho do artesão, a intenção é o carpinteiro se tornar proficiente no uso de suas ferramentas, inicialmente traçando seus planos com verdadeira ponderação, e então fazer seu trabalho de acordo com o plano. Assim ele passa pela vida.

Estes são os quatro caminhos: o do cavalheiro, o do fazendeiro, o do artesão e o do mercador.

COMPARANDO O CAMINHO DO CARPINTEIRO COM O DA ESTRATÉGIA

A comparação com a carpintaria é feita pela conexão com casas. Casas da nobreza, casas dos samurais, as quatro casas, ruína das casas, prosperidade das casas, o estilo da casa, a tradição da casa e o nome da casa. O carpinteiro usa uma planta-mestre de construção, e o Caminho da Estratégia é similar, pois nele existe um plano de campanha. Se você quer aprender o ofício da guerra, pondere sobre este livro. O professor é uma agulha, o aluno é como se fosse a linha. Você deve praticar constantemente.

Como o carpinteiro-chefe, o comandante deve conhecer as regras naturais, as regras do país e as regras das casas. Esse é o caminho do chefe.

O carpinteiro-chefe deve conhecer a teoria arquitetônica das torres e templos, e as plantas de palácios, e deve empregar homens para construir casas. O caminho do carpinteiro-chefe é o mesmo do comandante de uma casa de samurais. Na construção de casas, são feitas escolhas sobre os tipos de madeira.

Madeiras de boa aparência, desempenadas e sem nós são usadas para os pilares aparentes; madeiras desempenadas com pequenos defeitos são usadas nos pilares internos. Madeiras de aparência delicada, mesmo que um tanto frágeis, são usadas para soleiras, batentes, portas, portas deslizantes etc. Madeiras resistentes, mesmo que sejam tortas e cheias de nós, podem sempre ser usadas de forma discreta na construção. Madeiras fracas e cheias de nós devem ser usadas como andaime e, mais tarde, como lenha.

O carpinteiro-chefe aloca o trabalho de seus homens de acordo com a habilidade deles. Instaladores de piso, fabricantes de portas de correr, soleiras e batentes, tetos etc. Aqueles com pouca habilidade colocam as vigas do piso, e aqueles com menos habilidade ainda esculpem cunhas e desenvolvem outros trabalhos desse mesmo tipo. Se o chefe conhece e usa bem seus homens, o resultado final será bom. O chefe deve levar em consideração as habilidades e limitações de seus homens, circulando entre eles e não exigindo algo que eles não possam fazer. Ele deve conhecer o moral e ânimo deles, e encorajá-los quando necessário. Isso é o mesmo que o princípio da estratégia.

CAMINHO DA ESTRATÉGIA

Como um soldado, o carpinteiro afia as próprias ferramentas. Ele carrega seu equipamento em uma caixa de ferramentas e trabalha sob a supervisão de seu chefe. Ele faz colunas e vigas com um machado, dá forma a pisos e prateleiras com uma plaina, faz rendilhados e entalhes com precisão, dando um acabamento tão bom quanto permite sua habilidade. Esse é o ofício do carpinteiro. Quando ele se torna habilidoso e entende as medidas, o carpinteiro pode se tornar chefe.

A realização de um carpinteiro é ter ferramentas que cortem bem para fazer pequenos santuários, escrivaninhas, mesas, lanternas de papel, tábua de corte e tampas de potes. Essas são as especialidades do carpinteiro. As coisas são parecidas para o soldado. Você deve meditar profundamente sobre isso.

A realização do carpinteiro é que seu trabalho não fique empenado e as junções não estejam desalinhadas, e que o trabalho seja verdadeiramente planejado para que tudo se encaixe bem e não seja meramente terminado em seções. Isso é essencial. Se você quer aprender esse caminho, considere profundamente as coisas escritas neste livro, uma de cada vez. Pesquise-as o quanto for necessário.

LINHAS GERAIS DOS CINCO LIVROS DESTA OBRA SOBRE ESTRATÉGIA

O caminho é mostrado como cinco livros a respeito de diferentes aspectos, que são Terra, Água, Fogo,

Vento (tradição) e Vazio (a natureza ilusória das coisas mundanas).

A substância do Caminho da Estratégia sob o ponto de vista de minha escola Ichi é explicada no Livro da Terra. É difícil entender o verdadeiro caminho apenas por meio da esgrima. Conheça as menores coisas e as maiores coisas, as coisas mais rasas e as mais profundas. Como se fosse uma estrada reta mapeada na terra, o primeiro livro é chamado de Livro da Terra.

O segundo é o Livro da Água. Tendo água como base, o espírito se torna como água. A água assume a forma de seu recipiente, às vezes é um filete, noutras, um mar feroz. A água tem uma coloração azul-transparente. Com transparência, as coisas da escola Ichi são mostradas neste livro. Se dominar os princípios da esgrima, quando você livremente vence um homem, vencerá qualquer homem do mundo. A base para vencer um homem é a mesma para vencer dez milhões de homens. O estrategista transforma pequenas coisas em grandes, como construir um grande Buda a partir de um modelo de trinta centímetros. Não posso escrever em detalhes como isso é feito. O princípio da estratégia é conhecer uma coisa para conhecer dez mil coisas. As coisas da escola Ichi estão escritas no Livro da Água.

O terceiro é o Livro do Fogo. Esse livro é sobre lutar. O espírito do fogo é feroz, seja o fogo pequeno ou grande – e assim também são as batalhas. O Caminho das batalhas é o mesmo, seja para batalhas homem a homem ou batalhas com dez mil soldados de cada lado. Você deve compreender que a coragem pode se tornar pequena ou grande. O que é grande é fácil de se notar: o que é pequeno é difícil de se perceber. Em resumo, é difícil para um grande número de homens mudar de posição, então seus movimentos podem ser facilmente previstos. Um indivíduo pode mudar de ideia com facilidade, então seus movimentos são difíceis de se prever. Você deve compreender isso. A essência deste livro é que você deve treinar dia e noite para poder tomar decisões rápidas. Na estratégia é necessário tratar o treino como parte da rotina com espírito imutável. Assim é descrito o combate em batalha no Livro do Fogo.

O quarto é o Livro do Vento. Esse livro não tem relação com minha escola Ichi, mas sim com outras escolas de estratégia. Por vento quero dizer velhas tradições, tradições recentes e tradições familiares de estratégia. Assim explico claramente as estratégias do mundo. Isso é tradição. É difícil conhecer a si mesmo se você não conhece os outros. Para todos os caminhos existem desvios. Se você estuda um caminho diariamente e seu espírito diverge, pode pensar que está seguindo um bom caminho, mas, objetivamente, não é o caminho verdadeiro. Se está seguindo o caminho verdadeiro e se desvia um pouco, isso mais tarde se tornará um grande desvio. Você deve entender isso. Outras estratégias vieram a ser consideradas apenas como mera esgrima, e não é irrazoável que seja assim. O benefício de minha estratégia, embora inclua esgrima, reside em princípio à parte. Expliquei o que é comumente tido como estratégia em outras escolas no Livro da Tradição (Vento).

O quinto é o Livro do Vazio. Por vazio quero dizer aquilo que não tem começo nem fim. Atingir esse princípio significa não atingir o princípio. O caminho da estratégia é o caminho da natureza. Quando você aprecia o poder da natureza, conhecendo o ritmo de qualquer situação, será capaz de atingir o inimigo facilmente e vencê-lo naturalmente. Tudo isso é o Caminho do Vazio. Pretendo mostrar como seguir o verdadeiro caminho de acordo com a natureza no Livro do Vazio.

SOBRE NOMEAR ESTA ESCOLA INDIVIDUAL COMO "ESPADA DUPLA"

Samurais, tanto comandantes como soldados, carregam duas espadas em seus cintos. Em tempos passados elas eram chamadas de espada longa e espada; hoje em dia são conhecidas como espada e espada complementar. Basta dizer que em nosso país, seja lá qual for a razão, um samurai carrega duas espadas no cinto. É o caminho do samurai.

"Nito Ichi Ryu" mostra a vantagem de se usar ambas as espadas.

A lança e a alabarda são armas para serem usadas em campo aberto. Estudantes do Caminho da Estratégia da escola Ichi devem treinar com a espada e a espada longa em cada mão. Esta é uma verdade: quando você sacrifica sua vida, deve fazer uso máximo de seu armamento. É errado não fazer isso e morrer com uma espada não desembainhada.

Se você empunhar uma espada com as duas mãos, é difícil manejá-la livremente para a esquerda e para a direita, então meu método é empunhar a espada com uma só mão. Isso não se aplica a armas grandes como a lança ou a alabarda, mas espadas e espadas complementares podem ser manejadas com apenas uma mão. É restritivo manejar uma espada com as duas mãos quando se está cavalgando, correndo por uma estrada irregular, terreno pantanoso, campos de arroz alagados, terreno pedregoso ou entre uma multidão. Empunhar a espada longa com as duas mãos não é o caminho verdadeiro, pois, se você carrega um arco ou uma lança ou outra arma na mão esquerda, tem apenas uma mão livre para a espada longa. Entretanto, quando é difícil retalhar um inimigo com uma só mão, você deve usar as duas. Não é difícil empunhar a espada com uma só mão; a forma de aprender é treinando com duas espadas longas, uma em cada mão. A princípio vai parecer difícil, mas tudo é difícil no começo. Arcos são difíceis de armar, alabardas são difíceis de serem manejadas; à medida que você se acostuma com o arco, sua puxada se torna mais forte. Quando se acostuma a empunhar uma espada longa, você ganha a força do caminho e empunha bem a espada.

Como explicarei no segundo livro, o Livro da Água, não existe forma rápida de se aprender a empunhar a espada longa. Ela deve ser empunhada longe do corpo, e a espada complementar, perto. Essa é a primeira coisa a entender.

De acordo com a escola Ichi, você pode vencer com uma arma longa, e também com uma arma curta. Em resumo, o caminho da escola Ichi é o espírito da vitória, seja qual for a arma e seu tamanho.

É melhor usar duas espadas em vez de uma quando se está enfrentando uma multidão, especialmente se você quiser fazer um prisioneiro.

Essas coisas não podem ser explicadas em detalhes. A partir de uma coisa, saiba dez mil coisas. Quando você obtém o Caminho da Estratégia, não existe nada que não possa ver. Você deve estudar muito.

O BENEFÍCIO DE DUAS PESSOAS LEREM A "ESTRATÉGIA"

Mestres da espada longa são chamados de estrategistas. Quanto às outras artes militares, aqueles que dominam o arco são chamados de arqueiros, os que dominam a lança são chamados de lanceiros, aqueles que dominam a arma de fogo são chamados de atiradores, os que dominam a alabarda são chamados de alabardeiros. Mas não chamamos mestres do caminho da espada longa de "espadachins de espada longa", nem dizemos "espadachins de espada complementar". Como arcos, armas de fogo, lanças e alabardas são todos equipamentos do samurai, certamente fazem parte da estratégia. Dominar a virtude da espada longa é governar o mundo e a si mesmo, pois a espada longa é a base da estratégia. O princípio é "estratégia por meio da espada longa". Se alcança a virtude da espada longa, um homem é capaz de derrotar dez homens. Assim como um homem pode derrotar dez, cem homens são capazes de derrotar milhares, e mil podem derrotar dez mil; portanto, essa estratégia é o ofício completo do samurai.

O caminho do samurai não inclui outros caminhos, como o confucionismo, o budismo, certas tradições, realizações artísticas e dança. No entanto, embora esses não façam parte do caminho, se você o conhecer profundamente, o enxergará em tudo. Os homens devem refinar seu caminho particular.

O BENEFÍCIO DAS ARMAS NA ESTRATÉGIA

Existe o momento certo para usar armas. O melhor para se usar a espada complementar é em um local fechado, ou quando o conflito é próximo ao oponente. A espada longa pode ser usada efetivamente em todas as situações.

A alabarda é inferior à lança no campo de batalha. Com a lança você pode tomar a iniciativa; a alabarda é defensiva. Nas mãos de um de dois homens com habilidade similar, a lança concede certa vantagem. Tanto lança quanto alabarda têm seus usos, mas nenhuma é muito boa em lugares fechados. Elas não podem ser usadas para fazer um prisioneiro. São, essencialmente, armas para uso em campo aberto.

De qualquer forma, se você aprender técnicas "em ambiente fechado", terá um pensamento estreito e esquecerá o verdadeiro caminho. Assim, terá dificuldades em duelos de verdade.

O arco é taticamente forte no início da batalha, especialmente batalhas no charco, pois é possível atirar com velocidade por entre os lanceiros. Entretanto, é uma arma deficiente em cercos, ou quando o inimigo está a mais de quarenta metros de distância. Por essa razão, hoje em dia, existem poucas escolas tradicionais de arquearia. Há pouco uso atualmente para esse tipo de habilidade.

De dentro de fortificações, nada se equipara à arma de fogo dentre as armas. É a arma suprema no campo de batalha antes de as fileiras se encontrarem, mas, uma vez que as espadas se cruzam, armas de fogo se tornam inúteis. Uma das virtudes do arco é que você pode ver a flecha em voo e corrigir sua mira, enquanto o projétil da arma de fogo não pode ser visto. Você deve compreender a importância disso.

Assim como um cavalo, a arma deve ter resistência e nenhum defeito. Cavalos devem cavalgar firmes, e espadas e espadas complementares dever cortar de forma firme. Lanças e alabardas devem suportar o uso pesado, arcos e armas de fogo devem ser robustas. Armas devem ser resistentes, e não decorativas.

Não se deve ter uma arma favorita. Familiarizar-se em demasia com uma arma é um defeito tão grande quanto não a conhecer bem. Você não deve copiar os outros, mas sim usar armas que possa manusear apropriadamente. É ruim para comandantes e soldados ter preferências. Você deve aprender bem essas coisas.

TIMING NA ESTRATÉGIA

Existe tempo certo em tudo. O *timing* na estratégia não pode ser dominado sem que se pratique muito.

Tempo certo é importante na dança, flauta ou música de cordas, pois as três só estão no ritmo se a cadência for boa. Tempo e ritmo também estão envolvidos nas artes militares, no disparo com arco ou arma de fogo e nas cavalgadas. Em qualquer aptidão e habilidade existe *timing*. Também existe no Vazio.

Existe cadência por toda vida de um samurai, em sua ascensão e declínio, em sua harmonia e desequilíbrio. Similarmente, existe *timing* no caminho do mercador, na ascensão e queda do capital. Todas as coisas demandam seu tempo ao subir e descer. Você deve ser capaz de discernir isso. Na estratégia existem várias cadências que demandam consideração. Desde o princípio, você deve saber quais são aplicáveis e quais não, e nas grandes e pequenas coisas e nos andamentos rápidos e lentos encontrar o *timing* relevante, primeiro observando a cadência distante e a cadência de fundo. Isso é o principal na estratégia. É especialmente importante conhecer a cadência de fundo; de outra forma, sua estratégia se tornará incerta.

Você vence batalhas com o tempo certo no Vazio, nascido do *timing* da astúcia, conhecendo o tempo do inimigo, e assim usando um *timing* que ele não espera.

Os cinco livros têm a ver principalmente com tempo. Você deve treinar muito para compreender isso.

Se praticar dia e noite na escola Ichi a estratégia anterior, seu espírito se expandirá naturalmente. Assim é a estratégia em larga escala e a estratégia do combate corpo a corpo propagada pelo mundo. Isso está registrado pela primeira vez nos cinco livros da Terra, Água, Fogo, Tradição (Vento) e Vazio. Este é o caminho para os homens que desejam aprender minha estratégia:

1. Não pense de forma desonesta.
2. O caminho está no treino.
3. Torne-se íntimo de todas as artes.
4. Conheça o caminho de todas as profissões.
5. Saiba distinguir entre ganho e perda em questões mundanas.
6. Desenvolva o julgamento intuitivo e a compreensão para tudo.
7. Perceba aquelas coisas que não podem ser vistas.
8. Preste atenção até mesmo nas trivialidades.
9. Não faça nada que não seja útil.

É importante começar a implantar esses princípios amplos em seu coração, e treinar no Caminho da Estratégia. Se não olhar para as coisas de forma ampla, será difícil dominar a estratégia. Se assimilar essa estratégia, nunca perderá nem para vinte ou trinta inimigos. Mais do que tudo, para começar, você deve colocar o coração na estratégia e se ater ao caminho com fervor. Você se tornará capaz de realmente derrotar homens em lutas, e será capaz de vencer com seus olhos. E, treinando, também será capaz de controlar livremente o próprio corpo, e, com treino suficiente, será capaz de derrotar dez homens com seu espírito. Quando alcançar esse ponto, não significará que você é invencível?

Além disso, na estratégia de grande escala, o homem superior comandará muitos subordinados com destreza, se comportará corretamente, governará o país e cuidará do povo, preservando assim a disciplina do Imperador. Se existe um caminho envolvendo o espírito de não ser derrotado, para ajudar a si mesmo e ganhar honra, esse é o Caminho da Estratégia.

CAPÍTULO 2

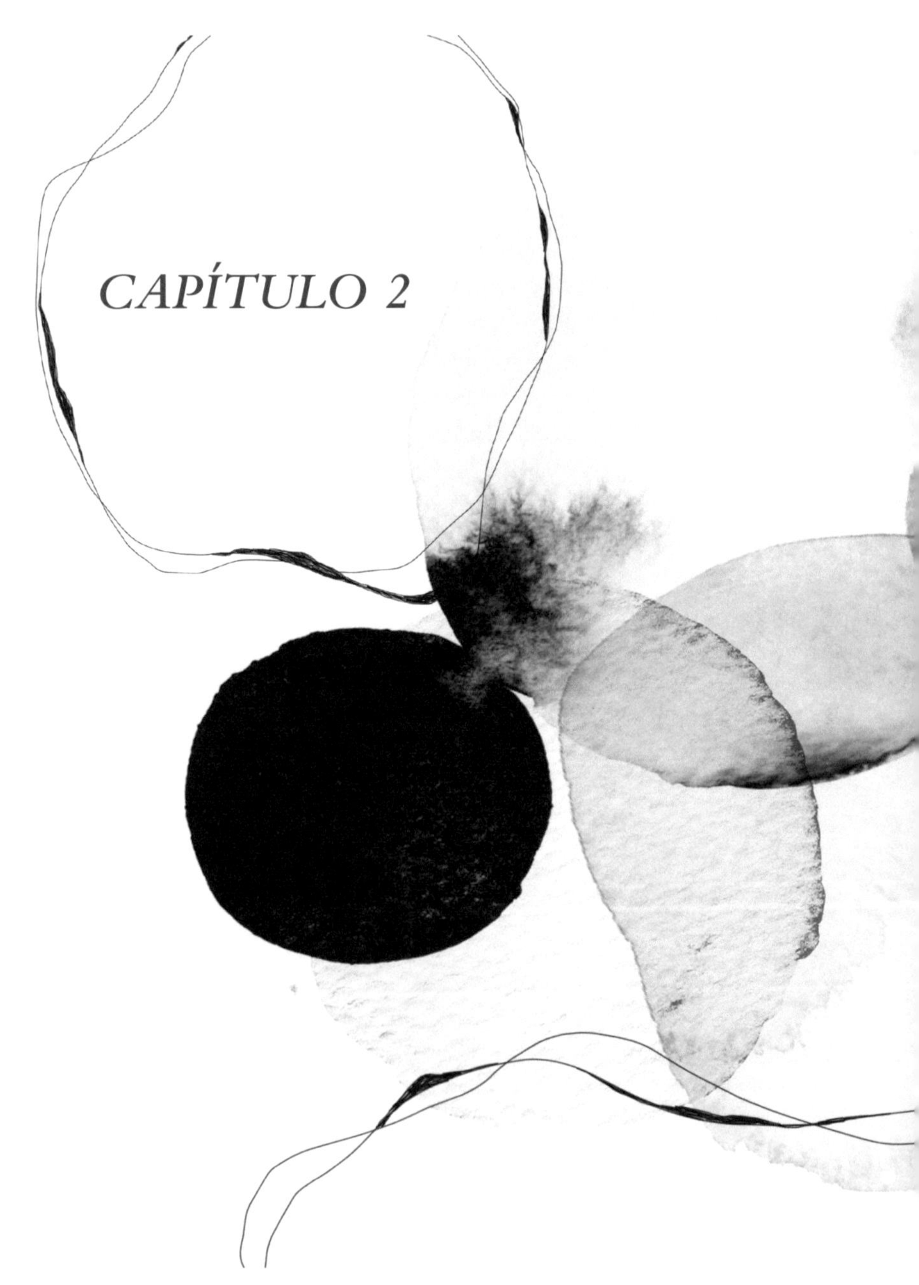

O LIVRO DA ÁGUA

O espírito da escola Ni Ten Ichi de estratégia é baseado na água, e este Livro da Água explica métodos de vitória como o da espada longa da escola Ichi. A linguagem não se estende o bastante para explicar o caminho em detalhes, mas ele pode ser compreendido intuitivamente. Estude este livro; leia uma palavra e então pondere sobre ela. Se interpretar o sentido livremente, errará o caminho.

Os princípios da estratégia são escritos aqui em termos de combate simples, mas você deve pensar de forma ampla para que obtenha entendimento para batalhas de dez mil de cada lado.

Estratégia é diferente de outras coisas, pois, se você se perde no caminho, mesmo que seja só um pouco, se desnorteará e cairá em um mau caminho.

Se meramente ler este livro, não alcançará o Caminho da Estratégia. Absorva as coisas escritas nesta obra. Não apenas leia, memorize ou imite; para entender o princípio em seu coração, estude com afinco para absorver essas coisas em seu corpo.

SUPORTE ESPIRITUAL NA ESTRATÉGIA

Na estratégia seu suporte espiritual não deve ser diferente do normal. Tanto na luta quanto no dia a dia, você deve ser determinado, porém calmo. Encare a situação sem tensão, mas também sem imprudência, com o espírito definido e ainda assim imparcial. Mesmo que seu espírito esteja calmo, não deixe o corpo relaxar, e, quando ele estiver relaxado, não deixe o espírito esmorecer. Não deixe seu espírito ser influenciado pelo corpo, ou o corpo ser influenciado pelo espírito. Não tenha ânimo de menos nem de mais. Um ânimo elevado é fraco, e um ânimo baixo é fraco. Não deixe que o inimigo veja seu ânimo.

Pessoas baixas devem estar completamente familiarizadas com o espírito de pessoas altas, e pessoas altas devem estar familiarizadas com o espírito de pessoas baixas. Seja qual for seu tamanho, não seja enganado pelas reações de seu próprio corpo. Com o espírito aberto e relaxado, olhe para as coisas de um ponto de vista elevado. Você deve cultivar sua sabedoria e espírito. Refine sua sabedoria: aprenda justiça pública, distinga entre o bem e o mal, estude o caminho de diferentes artes, uma a uma. Quando não puder ser enganado pelo homem, terá entendido a sabedoria da estratégia.

A sabedoria da estratégia é diferente das outras coisas. No campo de batalha, mesmo quando estiver pressionado, você deve incessantemente pesquisar os princípios da estratégia para poder desenvolver um espírito firme.

POSTURA NA ESTRATÉGIA

Adote uma postura com a cabeça ereta, não caída, não olhando para cima, não inclinada. Sua testa e o espaço entre seus olhos não devem estar franzidos. Não revire os olhos nem permita que eles pisquem, mas os estreite levemente. Com a expressão composta, mantenha a linha do nariz reta com uma leve dilatação das narinas. Mantenha a linha da nuca reta: instile vigor à linha do cabelo, e faça o mesmo partindo dos ombros e por todo o corpo. Baixe os ombros e, sem empinar as nádegas, coloque força nas pernas, do joelho até a ponta dos dedos. Contraia o abdômen para que o quadril não se curve. Prenda a espada complementar entre o cinto e o quadril, assim o cinto não ficará folgado – isso se chama "encaixar".

Em todas as formas de estratégia, é necessário manter a postura de combate no dia a dia e fazer de sua postura diária sua postura de combate. Pesquise bem isso.

O OLHAR NA ESTRATÉGIA

O olhar deve ser ilimitado e largo. Esse é o olhar duplo "Percepção e Visão". Percepção é forte, e visão é fraca.

Na estratégia, é importante ver coisas distantes como se elas estivessem próximas e ter uma visão distanciada das coisas próximas. É importante conhecer a espada do inimigo e não ser distraído por movimentos insignificantes da sua. Estude isso. O olhar é o mesmo para o combate individual e para a estratégia em larga escala.

É necessário, na estratégia, ser capaz de olhar para os dois lados sem mover os globos oculares. Você não conseguirá dominar essa habilidade rapidamente. Aprenda o que está escrito aqui; use esse olhar na vida cotidiana e não varie, aconteça o que acontecer.

EMPUNHANDO A ESPADA LONGA

Empunhe a espada longa com certa leveza nos dedos polegar e indicador, com o dedo do meio nem apertado nem frouxo, e com os últimos dois dedos firmes. É ruim ter folga nas mãos.

Quando você pega a espada, deve ter a intenção de retalhar o inimigo. Enquanto corta um inimigo, não deve mudar sua pegada, e suas mãos não devem se "acovardar". Quando repele a espada do inimigo para o lado, ou a afasta, ou a força para baixo, você deve mudar um pouco a pressão no dedão e no indicador. Acima de tudo, deve ter a intenção de retalhar o inimigo na forma como segura a espada.

A pegada para combate e para inspecionar a espada é a mesma. Não existe uma "pegada para retalhar homem".

Geralmente, não gosto de rigidez tanto nas mãos quanto na espada. Rigidez significa uma mão morta. Flexibilidade é uma mão viva. Tenha isso em mente.

JOGO DE PÉS

Com as pontas dos dedos um tanto flutuando, caminhe com firmeza nos calcanhares. Não importa se você se move rápida ou lentamente, com passadas largas ou curtas, seu pé deve se mover sempre como no caminhar normal. Não gosto das três técnicas de caminhar conhecidas como *pé saltador*, *pé flutuante* e *passos fixos*.

O chamado *Pé Yin-Yang* é importante no caminho. Pé Yin-Yang significa não mover um pé apenas. Significa mover o pé para a esquerda-direita e direita-esquerda quando atacar, retroceder ou repelir um golpe. Você não deve se mover preferencialmente sobre um pé.

AS CINCO POSTURAS

As cinco posturas são *superior*, *intermediária*, *inferior*, *direita* e *esquerda*. Essas são as dadas. Apesar de as posturas terem essas cinco divisões, o propósito único de todas elas é retalhar o inimigo. Não existem outras posturas além dessas cinco.

Seja qual for a postura que tenha assumido, não esteja consciente de fazer a postura; pense apenas em retalhar. A postura deve ser aberta ou retraída de acordo com a situação. Postura superior, inferior e intermediária são decisivas. Posturas à direita ou à esquerda são fluidas. As atitudes direita e esquerda devem ser usadas se houver uma obstrução acima ou em um dos lados. A decisão de usar direita ou esquerda depende do lugar.

A essência do caminho é essa. Para entender a postura, você deve entender completamente a postura intermediária. A intermediária é o coração das posturas. Se olharmos para a estratégia em uma escala ampla, a postura intermediária ocupa a cadeira de comandante, com as outras quatro atitudes seguindo o comandante. Compreenda isso.

O CAMINHO DA ESPADA LONGA

Conhecer o caminho da espada longa significa que podemos empunhar com dois dedos a espada que carregamos costumeiramente. Se conhecemos bem o caminho da espada, conseguimos manejá-la bem. Se tentar manejar a espada longa de forma apressada, você se perderá do caminho. Para manejar bem a espada longa, deve manejá-la calmamente.

Se tentar manejá-la com velocidade, como um leque ou uma espada curta, você errará usando um "golpe curto". Não conseguirá retalhar um homem com uma espada longa usando esse método.

Quando você corta para baixo com a espada longa, levante-a direto para cima; quando corta para o lado, retorne a espada por uma trajetória lateral. Retorne a espada de forma razoável, sempre esticando o cotovelo de forma ampla. Empunhe a espada com força. Esse é o caminho da espada longa.

Se aprender a usar as cinco abordagens de minha estratégia, será capaz de empunhar bem uma espada. Treine constantemente.

AS CINCO ABORDAGENS

1. A PRIMEIRA ABORDAGEM é a postura intermediária. Confronte o inimigo com a ponta de sua espada contra o rosto dele. Quando ele atacar, desvie a espada para a direita e "avance". Ou, quando o inimigo atacar, desvie a ponta da espada dele, atingindo-a de cima para baixo; mantenha sua espada longa onde está e, quando o inimigo fizer novamente uma investida, corte seus braços de baixo para cima. Esse é o primeiro método.

As cinco abordagens referem-se a esse tipo de coisas. Você treina repetidamente usando a espada longa para aprendê-las. Quando dominar meu caminho da espada longa, será capaz de controlar qualquer ataque que o inimigo faça. Garanto-lhe, não existem outras além das cinco posturas da espada longa de Ni To.

2. Na SEGUNDA ABORDAGEM com a espada longa, partindo da postura superior, retalhe o inimigo assim que ele atacar. Se o inimigo desviar do golpe, mantenha sua espada onde ela está e, começando de baixo, corte-o quando ele retomar o ataque. É possível repetir o golpe a partir disso.

Nesse método, existem várias mudanças no *timing* e no ânimo. Você será capaz de entender isso treinando no estilo da escola Ichi. Sempre ganhará com os cinco métodos da espada longa. Treine repetidamente.

3. Na TERCEIRA ABORDAGEM, assuma a postura inferior, antecipando a apara. Quando o inimigo atacar, acerte as mãos dele vindo de baixo. Enquanto você executa o movimento, ele pode tentar atingir sua espada para baixo. Se esse for o caso, retalhe o(s) braço(s) dele horizontalmente com a intenção de "atravessar". Isso significa que, a partir das posturas baixas, você atinge o inimigo no instante em que ele ataca.

Você encontrará esse método com frequência, tanto como iniciante quanto em estratégias posteriores. Deve treinar segurando uma espada longa.

4. Nesta QUARTA ABORDAGEM, adote a postura à esquerda. Enquanto o inimigo ataca, acerte as mãos dele vindo de baixo. Se, enquanto você acerta as mãos, ele tenta desviar sua espada para baixo, com a intenção de acertar as suas mãos, bloqueie o caminho da espada longa dele e corte na horizontal por cima de seu ombro.

Esse é o caminho da espada longa. Com esse método, você ganhará bloqueando o caminho do ataque inimigo. Pesquise isso.

5. Na QUINTA ABORDAGEM, a espada está na postura ao lado direito. De acordo com o ataque inimigo, cruze sua espada longa vindo de baixo ao lado da postura superior. Então retalhe em linha reta partindo de cima.

Esse método é essencial para conhecer bem o caminho da espada longa. Se conseguir usá-lo, poderá empunhar livremente uma pesada espada longa.

Não posso descrever com detalhes como usar essas cinco abordagens. Você deve se familiarizar com meu ensinamento "em harmonia com a espada longa", aprender cadência em larga escala, entender a espada longa do inimigo e se acostumar com as cinco abordagens desde o início. Você vai sempre ganhar usando esses cinco métodos, com várias considerações de tempo discernindo o espírito inimigo. Considere tudo isso com cuidado.

O ENSINO DA "POSTURA SEM POSTURA"

"Postura sem postura" significa que o que conhecemos como posturas de espada longa não é importante.

Mesmo assim, existem as posturas, como as cinco formas de segurar a espada longa. Seja lá como você segure a espada, isso deve ser feito de uma maneira que seja fácil de retalhar bem o inimigo, de acordo com a situação, o lugar e sua relação com esse oponente. Da postura superior, conforme seu ânimo diminui, você pode adotar a postura intermediária, e, a partir da postura intermediária, pode subir um pouco a espada em sua técnica e adotar a postura superior. Da postura inferior, pode levantar a espada e adotar a postura intermediária, conforme a ocasião demande. De acordo com a situação, se direcionar sua espada da postura direita ou da postura esquerda em direção ao meio, isso resultará na postura intermediária ou inferior.

O princípio disso é chamado "Postura Existente – Postura Inexistente".

O principal, quando tem uma espada nas mãos, é sua intenção de retalhar o inimigo, custe o que custar. Não importa que você bloqueie, ataque, salte, avance ou toque a espada do inimigo, você deve retalhá-lo no mesmo movimento. É essencial obter isso. Se pensar apenas em atacar, saltar, avançar ou tocar o inimigo, não será capaz de realmente retalhá-lo. Mais do que tudo, você deve pensar em executar seu movimento até retalhá-lo. Pesquise isso minuciosamente.

A postura, na estratégia em larga escala, é chamada de "arranjo de batalha". Tais posturas são sempre para ganhar batalhas. Formações fixas são algo ruim. Estude bem isso.

ACERTAR O INIMIGO "EM UM INSTANTE"

"Em um instante" significa, quando você se aproximou do inimigo, acertá-lo o mais rápido e direto possível, sem mover seu corpo ou ajustar seu ânimo, enquanto vê que ele ainda está indeciso. O instante de atacar antes que o inimigo se decida por recuar, se espalhar ou golpear, isto é, "em um instante".

Você deve treinar para alcançar esse *timing*, para ser capaz de acertar no intervalo de um instante.

O "CENTRO DOS DOIS TEMPOS"

Quando você ataca e o inimigo rapidamente retrocede, quando o vir se tensionar, deve fingir um ataque. Então, quando ele relaxar, continue e o acerte. Esse é o "centro dos dois tempos".

É muito difícil conseguir isso apenas lendo este livro, mas você logo entenderá com um pouco de instrução.

SEM PROJETO, SEM CONCEPÇÃO

Neste método, quando o inimigo ataca e você também decide atacar, acerte com o seu corpo, e acerte com o seu espírito, acerte partindo do Vazio com suas mãos, acelerando fortemente. Isso é o corte "sem projeto, sem concepção".

Esse é o método mais importante de golpear. É usado com frequência. Você deve treinar bastante para compreendê-lo.

O "CORTE DA ÁGUA CORRENTE"

O "corte da água corrente" é usado quando você está cruzando espadas com o inimigo. Quando ele retira sua espada e retrocede, tentando saltar com sua espada longa, expanda o corpo e o ânimo e o retalhe o mais devagar possível com sua espada longa, seguindo seu corpo como água corrente. Você pode retalhar com segurança se aprender isso. Deve discernir a graduação do inimigo.

CORTE CONTÍNUO

Quando você ataca e seu inimigo também ataca, e suas espadas saltam juntas, com um só golpe corte a cabeça, mãos e pernas dele. Quando você retalha vários lugares com um único movimento da espada longa, é o que se chama de "corte contínuo". Pratique esse movimento; ele é usado com frequência.

Com a prática detalhada, você deve ser capaz de compreendê-lo.

FOGO E PEDRAS

O golpe "fogo e pedras" significa que, quando a espada longa do inimigo e sua espada longa se encontrarem, você cortará o mais forte possível sem levantar a espada nem um pouquinho. Isso significa cortar rapidamente com as mãos, corpo e pernas – todos cortando com força. Se treinar bastante, será capaz de atingir com força.

GOLPE DAS FOLHAS VERMELHAS

O "golpe das folhas vermelhas" [alusão às folhas mortas que caem] significa derrubar a espada longa de seu inimigo. O espírito deve ser tomar controle da espada dele. Quando o oponente assume uma postura de espada longa diante de você e tem a intenção de retalhar, acertar ou interceptar, você atinge a espada longa dele com força com o golpe "fogo e pedras", talvez no espírito do ataque "sem projeto, sem concepção". Se então acertar a ponta da espada dele com um golpe decidido, ele necessariamente derrubará a espada. Se praticar esse golpe, será fácil fazer o inimigo derrubar a espada. Você deve treinar repetidamente.

O CORPO NO LUGAR DA ESPADA LONGA

Também "a espada longa no lugar do corpo". Geralmente movemos o corpo e a espada ao mesmo tempo para retalhar o inimigo. Entretanto, de acordo com o método de corte do inimigo, você pode partir contra ele primeiro com seu corpo, e depois cortar com a espada. Se o corpo dele está estático, é possível cortar primeiro com a espada longa, mas, via de regra, você atinge primeiro com o corpo e então corta com a espada longa. Pesquise bastante isso e pratique golpear.

RETALHA E CORTA

Retalhar e cortar são duas coisas diferentes. Retalhar, seja qual for a forma de retalhar, é algo decisivo, feito com espírito resoluto. Cortar é nada mais do que tocar o inimigo. Mesmo que você corte com força e o inimigo morra instantaneamente, ainda é cortar. Quando você retalha, seu espírito está decidido.

Entenda isso. Se você primeiro corta as mãos ou as pernas do inimigo, deve então retalhar com força. Cortar é, na essência, o mesmo que tocar. Quando entender isso, as duas coisas se tornam indistinguíveis. Aprenda bem.

CORPO DO MACACO CHINÊS

O "corpo do macaco chinês" é a ideia de não esticar os braços. A ideia é atacar rapidamente, sem estender os braços nem um pouco, antes que o inimigo ataque. Se você tem a intenção de não esticar os braços, está bem distante do espírito da coisa; a ideia é atacar com todo o corpo. Quando você entra na área de alcance, bem próximo, torna-se fácil mover o corpo. Você deve pesquisar bem isso.

EMULSÃO DE COLA E VERNIZ PARA O CORPO

A ideia da "emulsão de cola e verniz para o corpo" é grudar no inimigo e não se separar dele. Quando se aproximar do inimigo, grude com a cabeça, o corpo e as pernas. As pessoas tendem a avançar com a cabeça e as pernas rapidamente, mas o corpo fica para trás. Você deve grudar com firmeza para que não haja a menor fresta entre o corpo do inimigo e o seu. Considere isso cuidadosamente.

LUTAR POR ELEVAÇÃO

Por "lutar por elevação" quero dizer: quando estiver próximo do inimigo, lute com ele pela posição mais elevada, sem se encolher. Estique as pernas, estique o quadril e estique o pescoço para ficar cara a cara com ele. Quando achar que venceu, e você é quem está mais alto, avance com força. Você deve aprender isso.

APLICAR GRUDE

Quando o inimigo ataca e você também ataca com a espada longa, você deve partir em direção a ele com esta técnica em mente e conduzir sua espada contra a do inimigo enquanto recebe o golpe dele. A ideia do grude não é golpear muito forte, mas golpear de forma que as espadas longas não se separem facilmente. É melhor aproximar-se com a maior calma possível quando golpear a espada longa do inimigo com grude. A diferença entre "grude" e "emaranhamento" é que o grude é forte, e o emaranhamento, fraco. Você deve compreender isso.

GOLPE DE CORPO

O golpe de corpo significa se aproximar do inimigo por uma abertura em sua guarda. A ideia é atingi-lo com seu corpo. Vire o rosto um pouco para o lado e acerte o peito do inimigo com seu ombro esquerdo. Aproxime-se com a intenção de empurrar o inimigo para longe, acertando-o o mais forte possível em sincronia com sua respiração. Se conquistar esse método de se aproximar do inimigo, você será capaz de lançá-lo a três ou seis metros de distância. É possível acertar o inimigo até matá-lo. Treine bem.

TRÊS FORMAS DE APARAR ATAQUES INIMIGOS

Existem três formas de aparar um golpe:

Primeiro, defletindo a espada do inimigo para a sua direita, como se a empurrasse para os olhos dele, quando ele executa um ataque.

Ou aparar empurrando sua espada longa com a intenção de fazer um corte no pescoço dele.

Ou, quando você tem uma "espada longa" curta, sem se preocupar em aparar a espada longa do inimigo, aproximar-se dele rapidamente, empurrando o rosto dele com sua mão esquerda.

Esses são os três métodos de apara. Você deve ter em mente que sempre pode fechar a mão e acertar o rosto do inimigo com o punho. Para isso é necessário treinar bem.

PERFURANDO O ROSTO

Perfurar o rosto significa, durante o confronto, que a intenção está em perfurar o rosto dele; siga a linha das lâminas com a ponta de sua espada longa. Se você tem a intenção de furar o rosto dele, o rosto e o corpo dele se transformarão em alvos, abrindo assim várias oportunidades para vencer. Concentre-se nisso. Quando estiver lutando e o corpo do inimigo se transformar em um alvo, você pode vencer rapidamente; portanto, não pode se esquecer de perfurar o rosto dele. Você deve buscar essa técnica por meio de treino.

PERFURANDO O CORAÇÃO

Perfurar o coração significa: quando se está lutando e existem obstruções acima ou aos lados, e sempre que for difícil golpear, empale o inimigo. Você deve perfurar o peito do seu inimigo sem que a ponta da sua espada longa vacile, com a parte achatada da lâmina virada para cima e com a intenção de defletir a espada longa dele. A ideia desse princípio é frequentemente útil quando nos cansamos ou quando, por alguma razão, nossa espada longa não corta. Você deve entender as aplicações desse método.

O CONTRAGOLPE "TUT-TUT!"

"Contra-atacar" significa que, quando o inimigo tenta contragolpear, enquanto você golpeia, você contra-ataca novamente de baixo para cima como se tentasse empalá-lo, tentando segurá-lo. Com uma cadência rápida você golpeia, contragolpeando o inimigo. Movimento para cima, "Tut!", e golpeia "TUT!". Essa cadência é encontrada repetidamente na troca de golpes. A forma de usar o contragolpe Tut-TUT é cadenciar o golpe simultaneamente com a elevação de sua espada longa, como se fosse empalar seu oponente. Você deve aprender isso com a prática recorrente.

A PANCADA EVASIVA

Por "pancada evasiva" quero dizer que, quando cruza espadas com o inimigo, você encontra o golpe adversário com um ritmo *tee-dum*, *tee-dum*, golpeando a espada dele e o retalhando. A ideia da pancada evasiva não é aparar ou golpear com força, mas sim golpear a espada longa do inimigo de acordo com sua ofensiva, tendo como intenção primária retalhá-lo rapidamente. Se entender a cadência da pancada, não importa a força com que duas espadas se cruzem, a ponta de sua espada não será empurrada para trás nem um pouco. Pesquise suficientemente para entender isso.

EXISTEM MUITOS INIMIGOS

"Existem muitos inimigos" se aplica quando você está lutando contra muitas pessoas. Empunhe ambas as espadas, a longa e a complementar, e assuma uma postura ampla esticando os braços esquerdo e direito. A ideia é perseguir os inimigos de lado a lado, mesmo que eles venham de todas as direções. Observe a ordem de ataque deles e vá em direção àqueles que atacam primeiro. Observe ao seu redor de forma ampla, cuidadosamente examinando a ordem de ataque, e corte à direita e à esquerda alternadamente com suas espadas. Esperar é ruim. Sempre reassuma rapidamente sua postura em ambos os lados e retalhe os inimigos conforme eles avançam, esmagando-os na direção pela qual atacam. O que quer que faça, force os inimigos a ficarem juntos, como se estivesse amarrando uma fiada de peixes, e, quando parecer que eles estão empilhados, golpeie com força sem lhes dar espaço para se moverem.

A VANTAGEM AO CHEGAR AO FIM

Você pode saber como vencer por meio da estratégia com a espada longa, mas ela não pode ser explicada claramente pela escrita. Deve-se praticar com afinco para entender como vencer.

Tradição oral: *O verdadeiro Caminho da Estratégia é revelado na espada longa.*

UM CORTE

Você pode vencer, com certeza, com a técnica "um corte". É difícil conseguir isso se não aprender bem a estratégia. Se treinar bem esse caminho, a estratégia virá de seu coração, e você será capaz de ganhar quando quiser. Treine diligentemente.

COMUNICAÇÃO DIRETA

A ideia da comunicação direta é como o verdadeiro caminho da escola Ni To Ichi é recebido e transmitido.

Tradição oral: *Ensine estratégia para seu corpo.*

Registrado no livro anterior está um esboço da esgrima da escola Ichi.

Para aprender como vencer com a espada longa na estratégia, primeiro aprenda as cinco abordagens e as cinco posturas, e absorva o caminho da espada longa em seu corpo naturalmente. Você deve entender intenção e cadência, manusear a espada longa com naturalidade e mover os braços e pernas em harmonia com seu espírito. Independentemente de vencer um homem ou dois, você então conhecerá as virtudes da estratégia.

Estude o conteúdo deste livro, pegando um item por vez, e, por meio da luta com inimigos, você conhecerá pouco a pouco o princípio do caminho.

Deliberadamente, com um espírito paciente, absorva a virtude disso tudo, de tempos em tempos levantando a mão em combate. Mantenha esse espírito sempre que cruzar espadas com um inimigo.

Passo a passo, percorra a longa estrada.

Estude estratégia através dos anos e consiga o espírito do guerreiro. Hoje a vitória é sobre seu eu de ontem; amanhã é sua vitória sobre homens inferiores. Depois, para conseguir derrotar um homem mais habilidoso, treine de acordo com este livro, não permitindo que seu coração vacile durante um percalço. Mesmo que mate um inimigo, se não for com base no que você aprendeu, não é o verdadeiro caminho.

Se você conquista esse caminho da vitória, então será capaz de derrotar várias dezenas de homens. O que resta é a habilidade em esgrima, a qual você obtém em batalhas e duelos.

CAPÍTULO 3

O LIVRO DO FOGO

Aqui, no Livro do Fogo da escola de estratégia Ni To Ichi, descrevo a luta como o fogo.

Em primeiro lugar, as pessoas pensam de forma limitada sobre o benefício da estratégia. Usando apenas as pontas dos dedos, elas não conhecem o benefício de todo o pulso. Deixam uma disputa ser decidida, como se faz com um leque, meramente com o movimento de um antebraço. Se especializam nos pormenores da destreza, aprendendo trivialidades como movimento de mãos e pernas com a espada de bambu.

Em minha estratégia, o treinamento para matar inimigos é por meio de várias disputas, da luta pela sobrevivência, da descoberta do sentido da vida e morte, do aprendizado do caminho da espada, do julgamento da força dos ataques e do entendimento do caminho da "lâmina e dorso" da espada.

Você não pode se beneficiar de técnicas menores particularmente quando veste uma armadura completa. Meu Caminho da Estratégia é o método garantido quando se luta pela vida, um homem contra cinco ou dez. Não há nada de errado com o princípio "um homem pode derrotar dez, então mil homens podem derrotar dez mil". Você deve pesquisar isso. Claro que não pode juntar mil ou dez mil homens para o treino diário. Mas pode se tornar um mestre da estratégia treinando sozinho com a espada, de modo a compreender a estratégia do inimigo, sua força e recursos, e vir a apreciar como aplicar a estratégia para vencer dez mil inimigos.

Qualquer homem que quer dominar a essência de minha estratégia deve pesquisar diligentemente, treinar de manhã e de tarde. Assim ele pode refinar suas habilidades, se tornar livre de si mesmo e compreender uma habilidade extraordinária. Ele passará a deter poderes miraculosos.

Esse é o resultado prático da estratégia.

DEPENDENDO DO LOCAL

Examine seu ambiente.

Fique de pé no sol; isto é, assuma uma postura com o sol atrás de você. Se a situação não permitir, você deve tentar deixar o sol no seu lado direito. Dentro de construções, deve manter a entrada atrás de você ou à sua direita. Tenha certeza de que sua retaguarda está desobstruída e de que existe espaço livre à sua esquerda, seu lado direito sendo ocupado com sua postura lateral. À noite, se o inimigo pode ser visto, mantenha o fogo atrás de você e a entrada à sua direita; caso contrário, assuma a atitude anterior. Você deve olhar para o inimigo de cima e assumir sua postura em lugares ligeiramente altos. Por exemplo, o Kamiza* de uma casa é visto como um lugar alto.

* O assento mais alto de uma casa. Tido como um lugar de honra. (N.P.)

Quando a luta começa, procure sempre perseguir o inimigo a partir de seu lado esquerdo, e tente mantê-lo com as costas viradas para lugares desconfortáveis. Assim que o inimigo estiver em uma posição inconveniente, não o deixe olhar em volta; em vez disso, persiga-o escrupulosamente e o encurrale. Em casas, persiga o inimigo pelos batentes, soleiras, portas, varandas, pilares etc., novamente não o deixando avaliar a situação.

Sempre persiga o inimigo para lugares difíceis de se ficar de pé, obstáculos ao lado, e assim por diante, usando as características do lugar para estabelecer posições predominantes a partir das quais lutar. Você deve pesquisar e treinar isso diligentemente.

OS TRÊS MÉTODOS PARA ANTECIPAR-SE AO INIMIGO

O primeiro é antecipar-se a ele por meio do ataque. Esse método é chamado Ken No Sen (emboscada).

Outro método é antecipar-se ao inimigo enquanto ele ataca. Esse método é chamado Tai No Sen (esperar a iniciativa).

Outro ainda é usado quando você e o inimigo atacam ao mesmo tempo. Esse método é chamado Tai Tai No Sen (acompanhá-lo e antecipar-se a ele).

Não existem outros métodos de tomar a liderança fora esses três. Porque você pode ganhar rapidamente tomando a liderança, uma das coisas mais importantes na estratégia. Existem várias coisas envolvidas em tomar a liderança. Você deve se aproveitar da situação, ver através do espírito do inimigo, para então captar sua estratégia e derrotá-lo. É impossível escrever sobre isso em detalhes.

O PRIMEIRO – KEN NO SEN

Quando decidir atacar, mantenha a calma e aja rapidamente, antecipando-se ao inimigo. Ou você pode avançar de maneira arrojada, mas com um espírito reservado, antecipando-se com essa reserva.

Alternativamente, avance com tanta determinação quanto possível, e, quando alcançar o inimigo, mova-se um pouco mais rápido que o normal com os pés, incomodando-o e sobrecarregando-o duramente.

Ou, mantendo-se calmo, ataque com a intenção constante de esmagar o inimigo, do começo até o fim. A ideia é vencê-lo por dentro. Tudo isso se considera Ken No Sen.

O SEGUNDO – TAI NO SEN

Quando o inimigo ataca, mantenha-se imperturbável, mas finja fraqueza. Quando ele o alcançar, afaste-se repentinamente indicando que pretende pular de lado, então avance atacando com força assim que perceber o inimigo relaxar. Essa é uma opção.

A outra opção é, enquanto o inimigo ataca, ataque com mais força ainda, tirando vantagem da desordem resultante da cadência dele para vencer.

Esse é o princípio do Tai No Sen.

O TERCEIRO – TAI TAI NO SEN

Quando o inimigo faz um ataque rápido, você deve atacar com força e calma, mirar em seus pontos fracos enquanto ele se aproxima, e derrotá-lo.

Ou, se ele atacá-lo calmamente, observar seus movimentos e, com o corpo um tanto frouxo, acompanhá-lo em seus movimentos enquanto ele se aproxima. Então mova-se rapidamente e o retalhe com força.

Esse é o Tai Tai No Sen.

Essas coisas não podem ser explicadas claramente com palavras. Você deve pesquisar o que está escrito aqui. Nessas três formas de antecipação, deve-se julgar a situação. Isso não significa que você tenha sempre que atacar primeiro; mas, se o inimigo o atacar primeiro, você pode conduzi-lo. Na estratégia, você ganhou efetivamente quando se antecipou ao inimigo, portanto, treine bastante para conquistar isso.

SEGURAR O TRAVESSEIRO

"Segurar o travesseiro" quer dizer não permitir que a cabeça do inimigo levante.

Em disputas estratégicas, é ruim ser conduzido pelo inimigo. Você deve sempre ser capaz de conduzi-lo. Obviamente ele pensará a mesma coisa, mas não pode se antecipar a você se você não permitir que ele dê o primeiro passo. Na estratégia, você deve parar o inimigo enquanto ele tenta golpeá-lo; tem que empurrar para baixo sua investida e se desvencilhar quando ele tentar agarrar. Esse é o significado de "segurar o travesseiro". Quando tiver entendido esse princípio, seja lá o que o inimigo apresente em combate, você se antecipará a ele e suprimirá seu ataque. A ideia é suprimir o ataque na sílaba "a...", quando ele saltar, conter o salto dele na sílaba "sal...", e suprimir seu golpe em "go...".

O interessante na estratégia é suprimir as ações importantes do inimigo e permitir as inúteis. Entretanto, fazer apenas isso é defensivo. Primeiro, você tem que agir de acordo com o caminho, suprimindo as técnicas do inimigo, frustrando seus planos e daí dominando-o diretamente. Quando puder fazer isso, será um mestre da estratégia. Treine bastante e pesquise "segurar o travesseiro".

TRAVESSIA PELO RASO

"Travessia pelo raso" significa, por exemplo, cruzar o mar por um estreito, ou cruzar cento e sessenta quilômetros de mar aberto por uma ponte. Creio que essa "travessia pelo raso" acontece com frequência na vida de um homem. Isso significa zarpar mesmo que seus amigos fiquem no porto, conhecendo a rota, conhecendo a solidez do seu navio e o favorecimento do dia. Quando todas as condições são atendidas e existe talvez um vento favorável, ou um vento de popa, então zarpe. Se os ventos mudarem faltando alguns metros para chegar ao destino, você deve remar a distância restante sem vela.

Se adquirir esse hábito, ele pode ser aplicado à vida cotidiana. Pense sempre em "atravessar pelo raso".

Na estratégia, também é importante "atravessar pelo raso". Distinga a capacidade do inimigo e, conhecendo seus próprios pontos fortes, atravesse pelo raso no lugar vantajoso, como um bom capitão cruza por sua rota em alto-mar. Se for bem-sucedido em atravessar no melhor lugar, você pode ir com calma. Atravessar pelo raso significa atacar o ponto fraco do inimigo e se colocar em uma posição vantajosa. É assim que se vence com estratégia em grande escala. A ideia de atravessar pelo raso é necessária na estratégia tanto nos combates pequenos quanto nos grandes.

Você deve estudar bem isso.

RECONHECER OS MOMENTOS

"Reconhecer os momentos" significa conhecer a atitude do inimigo em batalha. Está ascendendo ou se esvaindo? Observando as intenções dos homens inimigos e conseguindo o melhor posicionamento, você pode trabalhar com a disposição do inimigo e movimentar seus homens de acordo com isso. Pode vencer por meio desse princípio da estratégia, lutando a partir de uma posição vantajosa.

Ao duelar, você deve se antecipar ao inimigo e atacar quando reconhecer a escola de estratégia dele, perceber sua qualidade e seus pontos fortes e fracos. Ataque de forma inesperada, conhecendo a métrica e modulação dele e a cadência apropriada.

"Reconhecer os momentos" significa, caso sua habilidade seja alta, enxergar o cerne das coisas. Se você é versado em estratégia, reconhecerá as intenções dos inimigos e assim terá várias oportunidades de vencer. Estude isso suficientemente.

PISAR A ESPADA

“Pisar a espada” é um princípio usado com frequência na estratégia. Primeiramente, nas estratégias para batalhas de larga escala, quando o inimigo descarrega pela primeira vez seus arcos e armas de fogo e então ataca, é difícil para nós se estivermos ocupados recarregando nossas armas com pólvora ou preparando nossas flechas. A ideia é atacar rapidamente, enquanto o inimigo ainda estiver atirando com arcos e armas de fogo. A ideia é vencer “pisoteando” enquanto recebemos o ataque inimigo.

Em combate individual, não podemos ter uma vitória decisiva atacando com uma cadência *tee-dum tee-dum* na esteira do ataque com espada longa do inimigo. Devemos derrotá-lo no começo de seu ataque, com a ideia de o pisotearmos, para que ele não possa se levantar novamente para atacar.

“Pisotear” não significa simplesmente pisar com os pés. Pise com o corpo, pise com a alma e, claro, pise e retalhe com a espada longa. Você deve ter a gana de não permitir que o inimigo ataque uma segunda vez. Esse é o espírito da antecipação em todos os sentidos. Uma vez em cima do inimigo, sua intenção deve ser não apenas golpeá-lo, mas permanecer em cima após o ataque. Você deve estudar isso profundamente.

CONHECER O "COLAPSO"

Tudo pode colapsar. Casas, corpos e inimigos colapsam quando seus ritmos se tornam desequilibrados.

Na estratégia para batalhas de larga escala, quando o inimigo começar a colapsar, você deve persegui-lo sem deixar a oportunidade escapar. Se não tira vantagem do colapso de seus inimigos, eles podem se recuperar.

No combate individual, o inimigo às vezes perde a cadência e colapsa. Se você deixar essa oportunidade passar, ele pode se recuperar e não ser mais tão negligente depois disso. Fixe os olhos no colapso do inimigo e o persiga. Você deve fazer isso. Persiga-o e ataque com ferocidade. Você deve retalhá-lo totalmente para que ele não recupere sua posição. Entenda como retalhar totalmente o inimigo.

TORNAR-SE O INIMIGO

"Tornar-se o inimigo" significa colocar-se no lugar dele. No mundo, as pessoas tendem a pensar em um ladrão preso em uma casa como um inimigo fortificado. Entretanto, se nos colocarmos no lugar do inimigo, sentimos que o mundo todo está contra nós e que não existe saída. Aquele que está trancado lá dentro é um faisão. Aquele que entra para prender é um falcão. Considere isso.

Na estratégia para batalhas de larga escala, as pessoas estão sempre com a impressão de que o inimigo é forte, tendendo assim a se tornarem cautelosas. Mas, se você tiver bons soldados, entender os princípios da estratégia e souber como vencer o inimigo, não há nada com o que se preocupar.

No combate individual, você também deve se colocar no lugar do inimigo. Se pensar "Eis aqui um mestre do caminho, que conhece os princípios da estratégia", então certamente perderá. Você deve pensar profundamente nisso.

PARA SOLTAR QUATRO MÃOS

"Para soltar quatro mãos" é usado quando você e seu inimigo se enfrentam com o mesmo espírito, e a questão não pode ser decidida. Abandone esse espírito e vença por meio de um recurso alternativo.

Na estratégia para batalhas de larga escala, quando há uma situação "quatro mãos", não desista – é a existência do homem. Abandone esse espírito imediatamente e vença com uma técnica que o inimigo não espera.

Em combate individual também; quando achamos que caímos na situação "quatro mãos", devemos derrotar o inimigo mudando de ideia e aplicando técnicas cabíveis de acordo com a condição. Você deve ser capaz de julgar isso.

MOVER A SOMBRA

"Mover a sombra" é usado quando você não consegue ver as intenções do inimigo.

Na estratégia para batalhas de larga escala, quando não puder ver a posição do inimigo, indique que está prestes a investir com força, para descobrir os recursos dele. Fica fácil então derrotá-lo com outro método, uma vez que você sabe seus recursos.

No combate individual, quando o inimigo assume uma postura que o impede de ver sua espada longa, fazendo com que você não consiga saber sua intenção, faça um ataque falso, e o inimigo mostrará sua espada longa, achando que conhece sua intenção.

Beneficiando-se do que foi mostrado, você, com certeza, pode vencer. Se for negligente, perderá a oportunidade. Pesquise bem isso.

SEGURAR UMA SOMBRA

"Segurar uma sombra" é usado quando você pode ver as intenções ofensivas do inimigo.

Na estratégia para batalhas de larga escala, quando o inimigo investe em um ataque, se você dá mostras de uma forte supressão da técnica dele, ele mudará de ideia. Então, alterando seu padrão, derrote-o se antecipando a ele com o Vazio.

Ou, em um combate individual, contenha as fortes intenções dele com a cadência adequada, e derrote-o se antecipando a ele com essa cadência. Você deve estudar bem isso.

CONTAGIAR

Muitas coisas são ditas para contagiar. Sonolência pode ser contagiante, e o bocejo pode ser contagiante. A cadência também pode ser.

Na estratégia para batalhas de larga escala, quando o inimigo está agitado e mostra uma inclinação à pressa, não se importe. Demonstre completa calma, e ele será tomado por isso e relaxará. Quando você perceber que esse comportamento o contagiou, pode levar a derrota até o inimigo atacando com força com um espírito Vazio.

No combate individual, você pode vencer relaxando o corpo e o espírito e, então, percebendo o momento em que o inimigo relaxa, atacando com força e velocidade, antecipando-se a ele. Aquilo que se conhece como "embriagar alguém" é parecido com isso. Você também pode infectar o inimigo com uma atitude entediada, descuidada ou fraca. Estude bem a respeito.

PARA CAUSAR DESEQUILÍBRIO

Muitas coisas podem causar desequilíbrio. Uma causa é o perigo, outra é a adversidade, e outra é a surpresa. Você deve pesquisar isso.

Na estratégia para batalhas de longa escala, é importante causar desequilíbrio. Ataque de súbito quando o inimigo não está esperando, e, enquanto ele está indeciso quanto ao que fazer, pressione sua vantagem e, tendo a dianteira, derrote-o.

Ou, em um combate individual, comece mostrando-se lento, então repentinamente ataque com força. Sem permitir que o inimigo tenha espaço para se recuperar da flutuação do ânimo, você deve agarrar a oportunidade para vencer. Pegue o jeito disso.

ASSUSTAR

O medo ocorre com frequência, causado pelo inesperado.

Na estratégia para batalhas de larga escala, você pode assustar o inimigo não apenas com o que apresenta aos olhos dele, mas também gritando, fazendo um pequeno grupo parecer grande, ou ameaçando-o pelos flancos sem aviso. Todas essas coisas assustam. Você pode vencer fazendo o melhor uso do ritmo amedrontado do inimigo.

Além disso, no combate individual, você também deve pegar o inimigo de surpresa, assustando-o com seu corpo, espada longa ou voz, para derrotá-lo. Pesquise bem isso.

EMBEBER

Quando você enfrentou e está combatendo junto ao inimigo, e se dá conta de que não tem como avançar, você "se embebe" e torna-se um só com o inimigo. Você pode vencer aplicando a técnica mais adequada, enquanto os dois se encontram mutuamente emaranhados.

Em batalhas que envolvam um grande número, assim como em lutas com poucas pessoas, é frequente que se possa vencer decisivamente com a vantagem de saber como "se embeber" no inimigo, enquanto, se você se apartasse, perderia a oportunidade de vitória. Pesquise isso muito bem.

COMENDO PELAS BEIRADAS

É difícil mover coisas fortes empurrando diretamente, então você deve "comer pelas beiradas".

Na estratégia para batalhas de larga escala, é bom atacar as beiradas da força inimiga. Se as beiradas forem derrotadas, o espírito de todo o pelotão será derrotado. Para derrotar o inimigo, você deve seguir atacando quando as beiradas caírem.

No combate individual, é fácil vencer uma vez que o inimigo desmorona. Isso acontece quando você fere as "beiradas" do corpo dele e, assim, o enfraquece. É importante saber como fazer isso, portanto, você deve pesquisar profundamente.

LANÇAR EM CONFUSÃO

Isso quer dizer fazer o inimigo perder determinação.

Na estratégia para batalhas de larga escala, podemos usar nossas tropas para confundir o inimigo no campo de batalha. Observando o espírito dele, podemos fazê-lo pensar: "Aqui? Ali? Desse jeito? Daquele jeito? Devagar? Rápido?". A vitória é certa quando o inimigo é pego em um ritmo que confunde seu espírito.

No combate individual, podemos confundir o inimigo atacando-o com uma variedade de técnicas quando a chance surgir. Finja um avanço ou ataque, ou faça-o pensar que você vai se aproximar, e, quando ele se confundir, você consegue vencer com facilidade. Essa é a essência da luta, pesquise-a profundamente.

OS TRÊS GRITOS

Os três gritos são divididos assim: antes, durante e depois. Grite de acordo com a situação. A voz faz parte da vida. A voz mostra energia.

Na estratégia de batalha de larga escala, no começo da batalha gritamos o mais alto possível. Durante a luta, a voz é mais grave, gritamos enquanto atacamos. Depois da disputa, gritamos no rescaldo de nossa vitória. Esses são os três gritos.

No combate individual, fingimos golpear e gritamos "Ei!" ao mesmo tempo, para perturbar o inimigo; então, na sequência de nosso grito, golpeamos com a espada longa. Gritamos depois de retalhar o inimigo – fazemos isso para anunciar a vitória. É chamado *sen go no koe* (*voz* de antes e depois). Não gritamos simultaneamente com uma exibição de espada longa. Gritamos durante uma luta para entrar no ritmo. Pesquise isso a fundo.

MISTURAR

Nas batalhas, quando os exércitos estão se confrontando, ataque os pontos fortes dos inimigos e, quando vir que eles estão derrotados, rapidamente separe e ataque outro ponto forte na periferia da força inimiga. A ideia por trás disso é ser como um caminho sinuoso na montanha.

Esse é um método de luta importante para um homem contra vários. Derrube os inimigos em um quadrante, ou os empurre para trás, então se aproveite e ataque outros pontos fortes movimentando-se da direita para a esquerda, como um caminho sinuoso em uma montanha, avaliando o posicionamento do inimigo. Quando conhecer o nível do inimigo, ataque com força, sem um pingo de hesitação.

O que "misturar" quer dizer é a ideia de avançar e se engajar com o inimigo, e não recuar nem um só passo. Você deve entender isso.

ESMAGAR

Significa esmagar o inimigo considerando-o fraco.

Na estratégia de batalha de longa escala, quando vemos que o inimigo tem poucos homens, ou que ele tem muitos homens, mas seu ânimo é fraco e desordenado, nós o enganamos, esmagando-o por completo. Se não o aniquilarmos, ele pode se recuperar. Você deve aprender a disposição de esmagar como se fosse com um aperto de mão.

Em um combate individual, se o inimigo for menos habilidoso do que você, se o ritmo dele for desorganizado, ou se ele assumiu uma atitude evasiva ou de recuo, devemos esmagá-lo sem demora, sem nos preocupar com sua presença e sem dar espaço para que ele respire. É essencial que ele seja esmagado de imediato. O principal é não deixar que ele recupere sua posição nem um pouco. Você deve pesquisar isso a fundo.

A MUDANÇA MONTANHA-MAR

O conceito "montanha-mar" quer dizer que é ruim repetir a mesma coisa várias vezes enquanto enfrenta um inimigo. Pode não existir outra saída a não ser fazer algo duas vezes, mas não tente uma terceira vez. Se atacar uma vez e falhar, existem poucas chances de sucesso se usar a mesma abordagem novamente. Se tentar uma técnica que já havia se mostrado malsucedida e falhar de novo, então deve mudar seu método de ataque.

Se o inimigo pensar nas montanhas, ataque como o mar; e se ele pensar no mar, ataque como as montanhas. Você deve pesquisar isso profundamente.

PENETRAR AS PROFUNDEZAS

Quando estamos lutando, mesmo quando se pode ver que podemos ganhar superficialmente com o benefício do caminho, se a bravura do inimigo não estiver extinta, ele pode ter sido derrotado superficialmente, mas não em seu âmago. Com o princípio "penetrar as profundezas", podemos destruir a bravura do inimigo em seu íntimo, desmoralizando-o ao mudar rapidamente nossa determinação. Isso ocorre com frequência.

Penetrar as profundezas quer dizer penetrar com a espada longa, penetrar com o corpo e penetrar com o espírito. Isso não pode ser entendido de forma generalizada.

Uma vez que tivermos esmagado o inimigo em seu âmago, não existe razão para se manter atento. Do contrário, devemos nos manter atentos. Se o inimigo se mantiver atento, é difícil esmagá-lo. Você deve treinar em penetrar as profundezas nas estratégias de batalhas de grande escala e também em combates individuais.

RENOVAR

"Renovar" se aplica quando estamos lutando com o inimigo e surge uma situação complexa para a qual não há possibilidade de definição. Devemos abandonar esforços, pensar na situação por uma nova perspectiva e então vencer com um novo ritmo. Renovar, quando estamos em um entrave com o inimigo, significa que, sem mudar nossa circunstância, mudamos nosso comportamento e vencemos por meio de uma técnica diferente.

É necessário considerar como "renovar" também se aplica na estratégia para batalhas de larga escala. Pesquise isso com diligência.

CABEÇA DE RATO, PESCOÇO DE BOI

"Cabeça de rato, pescoço de boi" significa que, quando estamos combatendo o inimigo e ambos nos ocupamos de pequenos pontos em uma situação complexa, devemos sempre pensar no Caminho da Estratégia como sendo ao mesmo tempo a cabeça do rato e o pescoço do boi. Sempre que nos preocupamos com detalhes, devemos repentinamente mudar nosso escopo para pontos maiores, intercambiando grande e pequeno.

Essa é uma das essências da estratégia. É necessário que o samurai tenha essa mentalidade no cotidiano. Você não deve se separar dessa mentalidade nem em batalhas de grande escala nem em combates individuais.

O COMANDANTE CONHECE AS TROPAS

"O comandante conhece as tropas" se aplica a qualquer situação de combate em meu Caminho da

Estratégia. Usando a sabedoria da estratégia, pense no inimigo como sua própria tropa. Quando pensa assim, pode movimentá-lo à vontade e ser capaz de persegui-lo. Você se torna o general, e seu inimigo se torna sua tropa. Domine isso.

SOLTAR A EMPUNHADURA

Existem várias ideias envolvidas em "soltar a empunhadura". Existe a ideia de vencer sem a espada. Existe também a de segurar a espada longa, mas não vencer. Os vários métodos não podem ser expressos na escrita. Você deve treinar muito.

O CORPO DE UMA ROCHA

Quando tiver dominado o Caminho da Estratégia, você pode repentinamente transformar seu corpo em uma rocha, e se tornará intocável. Esse é o corpo de uma rocha.

Tradição oral: *Você não será movido.*

O que está registrado acima é o que tem estado constantemente em minha mente sobre a escola Ichi de esgrima, escrito da forma que me ocorreu. Esta é a primeira vez que escrevo sobre minha técnica, e a ordem das coisas é um pouco confusa. É difícil expressá-las com clareza.

Este livro é um guia espiritual para o homem que deseja aprender o caminho.

Meu coração tem se inclinado para o Caminho da Estratégia desde a minha juventude. Tenho me devotado a treinar a mão, condicionar o corpo e aprender muitas posturas de esgrima. Se observarmos homens de outras escolas discutindo teoria e concentrando-se em técnicas com as mãos, mesmo que eles pareçam habilidosos ao observador, não têm nem um pouco do espírito verdadeiro.

Claro, homens que estudam desse jeito pensam que estão treinando o corpo e o espírito, mas é um obstáculo para o verdadeiro caminho, e sua má influência perdura para sempre. Assim o verdadeiro Caminho da Estratégia está se tornando decadente e morrendo.

O verdadeiro caminho da esgrima é a arte de derrotar o inimigo em uma luta, e nada além disso. Se você obtiver e aderir ao conhecimento de minha estratégia, nunca precisará duvidar de sua vitória.

CAPÍTULO 4

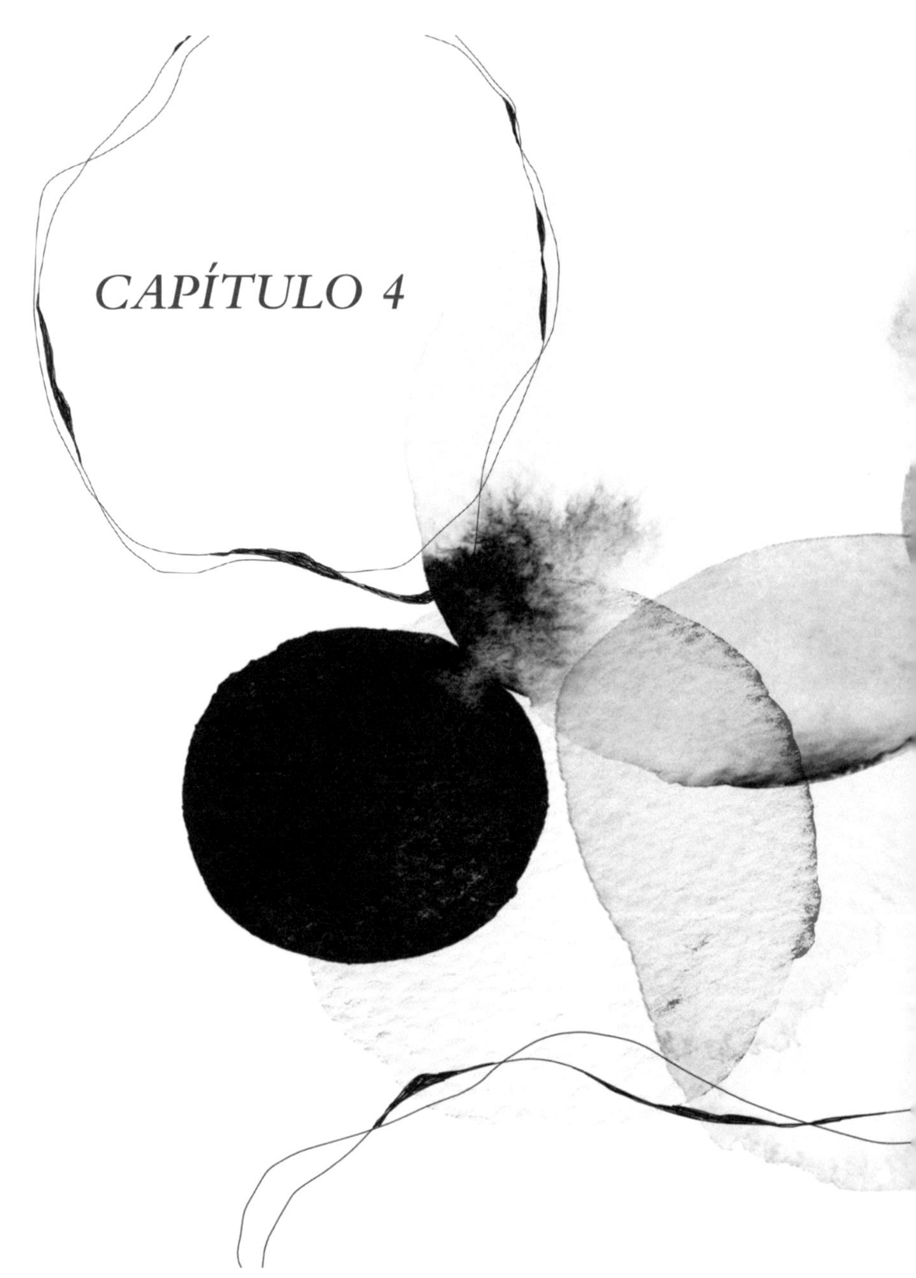

O LIVRO DO VENTO

Na estratégia você deve conhecer os caminhos de outras escolas, então escrevi sobre várias outras tradições de estratégia neste Livro do Vento.

Sem o conhecimento do caminho de outras escolas, é difícil entender a essência da minha escola Ichi. Olhando para outras escolas, encontramos algumas que se especializam em técnicas de força usando espadas extralongas. Algumas escolas estudam o caminho da espada curta, conhecida como Kodachi. Algumas ensinam destreza em um grande número de técnicas de esgrima, ensinando posturas com a espada como a "superfície" e o caminho como o "interior".

Que nenhum desses é o caminho verdadeiro mostro com clareza no interior deste livro – todos os vícios e virtudes, acertos e erros. Minha escola Ichi é diferente. Outras escolas fazem das realizações seu meio de vida, cultivando flores e produzindo coloridos artigos de decoração para vendê-los. Esse definitivamente não é o Caminho da Estratégia.

Alguns dos estrategistas do mundo estão preocupados apenas com a esgrima e limitam seu treinamento apenas ao floreio com a espada e a postura do corpo. Mas seria a destreza sozinha o suficiente para vencer? Essa não é a essência do caminho.

Escrevi os pontos insatisfatórios de cada escola um por um neste livro. Você deve estudar esses assuntos a fundo para apreciar o benefício de minha escola Ni To Ichi.

OUTRAS ESCOLAS USANDO A ESPADA EXTRALONGA

Algumas outras escolas gostam de espadas extralongas. Do ponto de vista de minha estratégia, estas devem ser vistas como escolas fracas. E o motivo é o fato de elas não apreciarem o princípio de retalhar o inimigo a qualquer custo. A preferência delas é pela espada longa, e, confiando na virtude de seu comprimento, eles pensam em derrotar o inimigo a distância.

Nesse caminho é dito "Cada centímetro dá vantagem à mão", mas essas são as palavras vãs de alguém que não conhece estratégia. Mostram a estratégia inferior de um sentimento fraco de que o homem deveria depender do comprimento de sua espada, lutar a distância sem o benefício da estratégia.

Acho que existe um motivo para a escola em questão gostar da espada extralonga como parte de sua doutrina, mas, se compararmos isso à vida real, é insensato. Certamente não seremos necessariamente derrotados se estivermos usando uma espada curta em vez de uma espada longa.

É difícil para essas pessoas cortarem o inimigo em lugares apertados, por causa do comprimento da espada. O caminho da lâmina é grande, então, a espada longa se torna um ônus, e eles estão em desvantagem se comparados ao homem armado com uma espada complementar curta.

Foi dito em tempos antigos: "Grande e pequeno andam juntos". Então não desgoste incondicionalmente da espada extralonga. O que não gosto é da inclinação à espada longa. Se considerarmos a estratégia para batalhas de larga escala, podemos pensar em grandes forças como espadas longas e pequenas forças como espadas curtas. Poucos homens não podem combater muitos? Existem vários casos de poucos homens suplantando muitos.

Sua estratégia não vale de nada se, quando é preciso lutar em um lugar de espaço reduzido, seu coração está inclinado à espada longa, ou se você está em uma casa armado apenas com sua espada complementar.

Além disso, alguns homens não têm a mesma força de outros. Na minha doutrina, não gosto de preconceitos, visão curta. Você deve estudar bem isso.

O ESPÍRITO FORTE DA ESPADA LONGA EM OUTRAS ESCOLAS

Você não deveria falar de força e suavidade em se tratando de espada longa. Se empunhar a espada longa apenas com força, seu corte será grosseiro, e, se usar a espada de forma grosseira, terá dificuldade em vencer.

Se está preocupado com a força de sua espada, você tentará cortar de forma excessivamente forte, e não será capaz de cortar nada. Também é ruim tentar cortar com força quando se testa uma espada. Sempre que cruzar espadas com o inimigo, você não deve pensar em cortá-lo nem com força nem suavemente; foque apenas em retalhá-lo e matá-lo. Tenha intenção tão somente de matar o inimigo. Não tente cortar com força e, claro, não pense em cortar suavemente. Você deve se preocupar apenas em matar o inimigo.

Se depende da força, quando sua espada entrar em contato com a espada do inimigo, vai, inevitavelmente, acertar com muita força. Se fizer isso, sua própria espada irá junto como resultado. Assim, o ditado "a mão mais forte vence" não tem significado algum.

Na estratégia para batalhas de larga escala, se você tem um exército forte e está dependendo da força para vencer, mas o inimigo também tem um exército forte, a batalha será feroz. Isso vale para ambos os lados.

Sem o princípio correto, a batalha não pode ser vencida. O espírito de minha escola é vencer por meio da sabedoria da estratégia, sem prestar atenção às trivialidades. Estude bastante isso.

USO DA ESPADA LONGA MENOR EM OUTRAS ESCOLAS

Usar uma espada longa menor não é o verdadeiro caminho para a vitória.

Em tempos antigos, *tachi* e *katana* significavam espadas longa e curta. Homens de força superior no mundo podem empunhar até uma espada longa de forma suave, então não existe razão para gostarem da espada curta. Eles também fazem uso do comprimento das lanças e alabardas. Alguns usam uma espada longa mais curta com a intenção de saltar e esfaquear um inimigo no momento descuidado em que ele faz floreios com a espada. Essa inclinação é ruim.

Esperar pelo momento de descuido do inimigo é completamente defensivo e indesejado quando se está lutando de perto com o oponente. Além disso, você não pode usar o método de saltar dentro da defesa dele com uma espada curta se existirem muitos inimigos. Alguns homens pensam que, se enfrentarem muitos inimigos com uma espada longa mais curta, poderão perambular livremente, cortando enquanto golpeiam, mas eles têm que aparar golpes sem parar, e eventualmente se emaranham com o inimigo. Isso não condiz com o verdadeiro Caminho da Estratégia.

O caminho certo para a vitória, portanto, é perseguir o inimigo de forma confusa, fazendo com que ele salte de lado, enquanto você mantém o corpo firme e ereto. O mesmo princípio se aplica a batalhas de larga escala. A essência da estratégia é cair sobre o inimigo em grande número e levar até ele sua rápida derrocada. Por seu estudo da estratégia, as pessoas se acostumaram que contra-atacar, evadir e se retirar são coisas normais. Elas se fixam nesse hábito, então podem ser facilmente conduzidos por aí pelo inimigo. O Caminho da Estratégia é direto e reto. Você deve perseguir o inimigo e fazê-lo obedecer às suas vontades.

OUTRAS ESCOLAS COM MUITOS MÉTODOS DE USAR A ESPADA LONGA

Colocar grande importância nas posturas com a espada longa é uma forma equivocada de pensamento. O que é conhecido no mundo como "postura" se aplica quando não há um inimigo. O motivo é que isso tem sido um precedente desde os tempos antigos, e não deveria existir nada do tipo como "Este é o jeito moderno de se fazer" nos duelos. Você deve forçar o inimigo a entrar em situações inconvenientes.

Posturas são para situações em que você não pode ser movido. Ou seja, castelos guarnecidos, formações de batalha, daí por diante, mostrando a atitude de não se mover até mesmo por um forte ataque. No caminho do duelo, entretanto, você deve sempre ter a intenção de tomar a dianteira e atacar. A atitude é o espírito de esperar por um ataque. Você deve considerar isso.

Em duelos de estratégia, deve-se mover a postura do inimigo. Ataque quando ele se mostra negligente, deixe-o confuso, irrite-o e aterrorize-o. Tire vantagem do ritmo inimigo quando ele está perturbado e você pode vencer.

Não gosto do espírito defensivo conhecido como "postura". Entretanto, no meu Caminho, existe algo chamado "Postura sem postura".

Na estratégia para combates de larga escala, enviamos nossas tropas para a batalha tendo em mente nossa força, observando os números inimigos e notando os detalhes do campo de batalha. Esse é o início da batalha.

O espírito de atacar primeiro é completamente diferente do espírito de ser atacado. Aguentar bem um ataque, com uma postura forte, e se evadir do ataque inimigo de forma eficiente é como fazer uma parede de lanças e alabardas. Quando você ataca o inimigo, sua determinação deve ir ao limite de puxar as ripas de uma parede para usá-las como lanças e alabardas. Você deve examinar bem isso.

FIXANDO OS OLHOS EM OUTRAS ESCOLAS

Algumas escolas recomendam que os olhos devem estar fixos na espada longa do inimigo. Algumas escolas fixam os olhos nas mãos. Outras fixam os olhos no rosto, e algumas fixam-nos nos pés, e daí por diante. Se fixar seus olhos nesses lugares, seu espírito pode se tornar confuso, e sua estratégia, frustrada.

Explicarei isso em detalhes. Jogadores de futebol não fixam os olhos na bola, mas, com um bom jogo em campo, podem ter um bom desempenho. Quando você se acostuma com alguma coisa, não fica limitado ao uso dos seus olhos. Pessoas como mestres musicistas deixam a partitura na frente do nariz, ou espadachins manejam de várias formas quando dominam o caminho, mas isso não significa que eles têm os olhos fixos nessas coisas especificamente, ou que façam movimentos desnecessários com a espada. Significa que podem ver naturalmente.

No Caminho da Estratégia, quando você já lutou muitas vezes, conseguirá facilmente avaliar a velocidade e posição da espada do inimigo, e, tendo o domínio do caminho, enxergará o peso de seu espírito. Na estratégia, fixar os olhos significa observar o coração do homem.

Na estratégia para batalhas de larga escala, a área a se observar são as forças inimigas. "Percepção" e "visão" são os dois métodos de ver. A percepção consiste na intensa observação do espírito inimigo, observando as condições do campo de batalha, prestando muita atenção, vendo o progresso da batalha e as mudanças de vantagens. Esse é o caminho certo para se vencer.

No combate individual, você não deve fixar os olhos nos detalhes. Como eu disse antes, se fixar os olhos nos detalhes e negligenciar coisas importantes, seu espírito se tornará confuso, e a vitória lhe escapará. Pesquise bem esse princípio e treine com diligência.

O USO DOS PÉS EM OUTRAS ESCOLAS

Existem vários métodos de usar os pés: pés flutuantes, pés saltadores, pés oscilantes, pés pisoteadores, pés de corvo, e outros métodos ágeis de se movimentar. Do ponto de vista de minha estratégia, todos são insatisfatórios.

Não gosto dos pés flutuantes, porque o pé sempre tende a flutuar durante a luta. O caminho deve ser trilhado com firmeza.

Também não gosto dos pés saltadores, porque encorajam o hábito de saltar e um espírito agitado. Por mais que você salte, não existe uma justificação real para tal; portanto, saltar é ruim.

Pés oscilantes provocam um espírito oscilante, o que é indeciso.

Pés pisoteadores são um método de "espera", e não gosto dele especialmente.

Fora esses, existem vários métodos de movimentação rápida, como os pés de corvo, e daí por diante.

Às vezes, entretanto, você pode encontrar um inimigo em terrenos pantanosos, vales de rio, terreno pedregoso ou estradas estreitas; em tais situações, você não pode saltar ou mover os pés rapidamente.

Em minha estratégia, o trabalho com os pés não muda. Sempre ando como ando comumente nas ruas. Você nunca deve perder o controle de seus pés. De acordo com o ritmo do inimigo, movimente-se depressa ou devagar, ajustando o corpo nem muito nem pouco.

A movimentação dos pés é também importante na estratégia para batalhas de larga escala. Isso porque, se atacar com velocidade e sem pensar em conhecer o espírito inimigo, seu ritmo se tornara errático e você não será capaz de vencer. Ou, se avançar muito devagar, não será capaz de tirar vantagem da desordem inimiga, a oportunidade para vencer escapará, e você não será capaz de finalizar a luta rapidamente. Você deve vencer se aproveitando da desordem e transtorno do inimigo, sem lhe conceder a menor esperança de recuperação. Pratique bem isso.

VELOCIDADE EM OUTRAS ESCOLAS

A velocidade não faz parte do real Caminho da Estratégia. Velocidade implica que as coisas parecem rápidas ou devagar, de acordo com o fato de elas estarem no ritmo ou não. Seja qual for o caminho, o mestre em estratégia não parece veloz.

Uma pessoa pode caminhar cento e cinquenta ou duzentos quilômetros em um dia, mas isso não significa que correu continuamente de manhã até a noite. Corredores novatos podem correr o dia todo, mas o desempenho deles é ruim.

No caminho da dança, artistas talentosos podem cantar enquanto dançam, mas, quando iniciantes tentam o mesmo, diminuem o ritmo, e seus espíritos se tornam sobrecarregados. A melodia "Old Pine Tree" tocada em um tambor de couro é tranquila, mas, quando iniciantes tocam, desaceleram, e seus espíritos se tornam sobrecarregados. Pessoas muito habilidosas conseguem tocar um ritmo rápido, no entanto é ruim tocar com pressa. Se você tentar tocar muito rápido, perderá o compasso. Claro, vagarosidade é ruim. Pessoas realmente habilidosas nunca perdem o compasso, e estão sempre conscientes, e nunca parecem sobrecarregadas. O princípio pode ser visto a partir desse exemplo.

O que é conhecido como velocidade é especialmente ruim no Caminho da Estratégia. A razão é que, dependendo do lugar, charco ou pântano e assim por diante, talvez não seja possível mover corpo e pernas ao mesmo tempo rapidamente. É ainda mais improvável que você consiga golpear com velocidade se estiver com uma espada longa nessa situação. Se tentar golpear rápido, como se estivesse usando um leque ou uma espada curta, não cortará nem mesmo um pouquinho. Você deve compreender isso.

Na estratégia para batalhas de larga escala, um espírito rápido e sobrecarregado é indesejado. O espírito deve ser o de segurar o travesseiro, então, você não vai se atrasar nem um pouco.

Quando seu inimigo se apressa imprudentemente, você deve agir da forma oposta e manter a calma. Você não deve ser influenciado por seu oponente. Treine de forma diligente para obter esse espírito.

"INTERIOR" E "SUPERFÍCIE" EM OUTRAS ESCOLAS

Não existe "interior" nem "superfície" na estratégia.

As realizações artísticas usualmente pedem significado interior e tradição secreta, e "interior" e "portão", mas no combate não existe nada do tipo lutar na superfície, ou retalhar com o interior. Quando ensino meu caminho, primeiro ensino treinando técnicas que sejam fáceis para meus pupilos entenderem, uma doutrina que seja fácil de compreender. Gradualmente me aventuro a explicar os princípios mais profundos, pontos que são quase impossíveis de entender, de acordo com o progresso do pupilo. De qualquer forma, como o caminho para o entendimento é via experiência, não falo de "interior" e "portão".

Neste mundo, se você for para as montanhas e decidir adentrar cada vez mais, emergirá no portão. Seja qual for o caminho, ele tem um interior, e às vezes é uma coisa boa apontar o portão. Na estratégia, não podemos dizer o que é escondido e o que é revelado.

Da mesma forma, não gosto de passar meu caminho pela escrita. Percebendo a habilidade de meus pupilos, ensino o caminho direto, removo as más influências de outras escolas e gradualmente apresento a eles o verdadeiro Caminho do Samurai.

O método de ensino de minha estratégia é com um cspírito confiantc.

Você deve treinar diligentemente. Tentei registrar um esboço das estratégias de outras escolas nas nove seções. Poderia continuar agora explicando detalhes específicos dessas escolas uma por uma, do "portão" até o "interior", mas não dei nome às escolas ou a seus pontos principais de propósito. A razão para isso é que diferentes ramos de escolas dão diferentes interpretações das doutrinas. Assim como as opiniões dos homens diferem entre si, também devem existir diferentes ideias sobre o mesmo assunto. Portanto, a concepção de nenhum homem é válida para todas as escolas.

Mostrei as tendências gerais de outras escolas em nove pontos. Se olharmos para elas de um ponto de vista honesto, veremos que as pessoas tendem a gostar de espadas longas ou espadas curtas, e se tornam preocupadas com a força de ambas. Você pode ver por que não lido com os "portões" de outras escolas.

Em minha escola Ichi da espada longa, não existe portão nem interior. Não existe significado interior nas posturas com a espada. Você deve simplesmente manter seu espírito verdadeiro para entender a virtude da estratégia.

CAPÍTULO 5

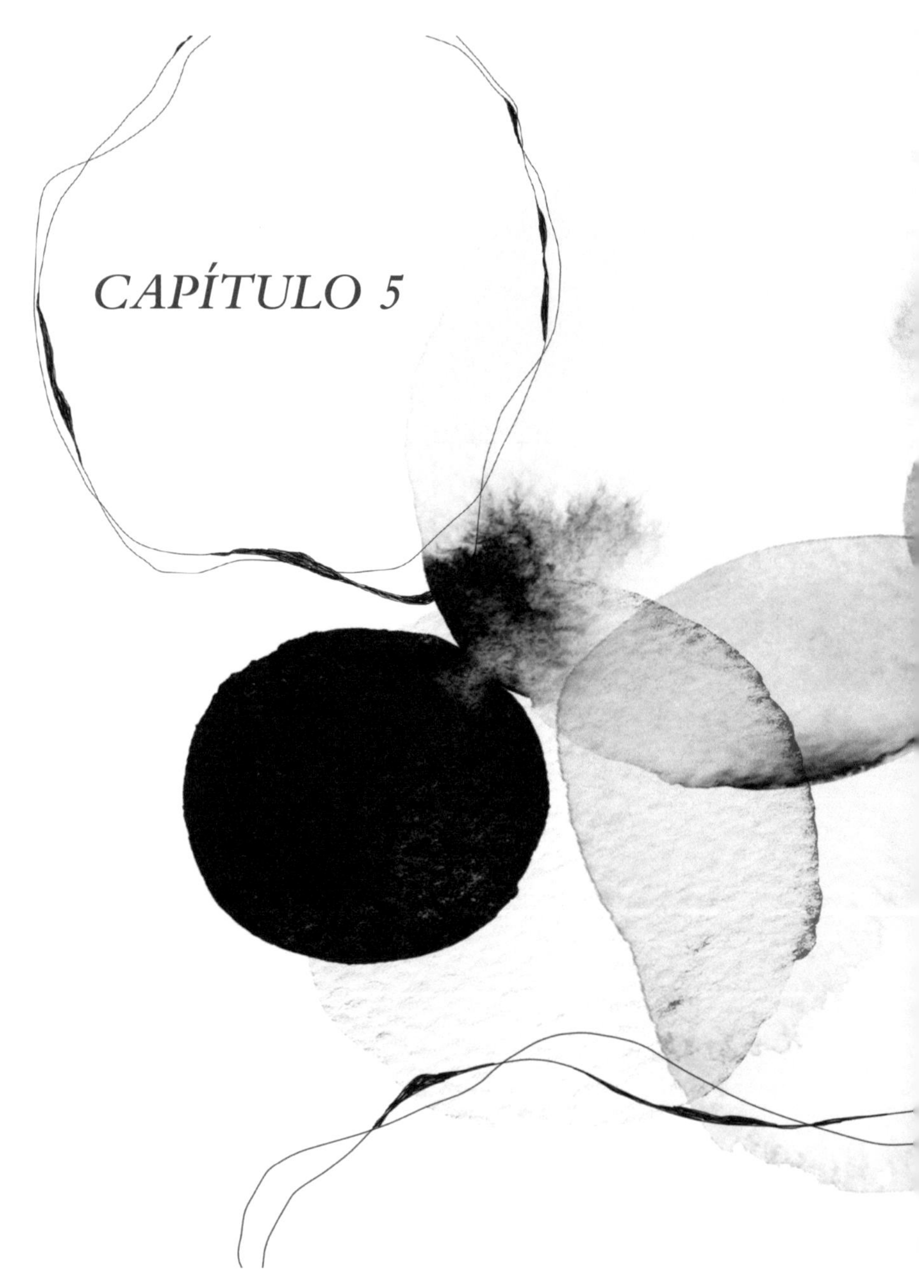

O LIVRO
DO VAZIO

O Caminho da Estratégia Ni To Ichi é registrado neste Livro do Vazio.

O que é chamado de espírito do vazio é onde não existe nada. Não está incluso no conhecimento do homem. É claro que o vazio é a nulidade. Conhecendo as coisas que existem, você pode conhecer as coisas que não existem. Isso é o vazio.

As pessoas neste mundo olham para as coisas de forma errônea e pensam que o que elas não entendem deve ser o vazio. Isso não é o verdadeiro vazio. É perplexidade.

No Caminho da Estratégia, também, aqueles que estudam como samurais pensam que qualquer coisa que não podem entender em seu ofício é o vazio. Esse não é o verdadeiro vazio.

Para atingir o Caminho da Estratégia como um samurai, você deve estudar totalmente outras artes marciais e não desviar nem um pouco do Caminho do Samurai. Com seu espírito resoluto, acumule prática dia após dia, hora após hora. Refine o espírito duplo, coração e mente, e afie o olhar duplo, percepção e visão. Quando seu espírito não estiver nem um pouco obscurecido, quando as nuvens da perplexidade limparem, ali estará o verdadeiro vazio.

Até você entender o verdadeiro caminho, seja no budismo, seja no senso comum, pode pensar que as coisas estão corretas e em ordem. Entretanto, se olharmos para as coisas de forma objetiva, do ponto de vista das leis do mundo, vemos várias doutrinas se distanciando do verdadeiro caminho. Conheça bem esse espírito, com a franqueza como fundação e o verdadeiro espírito como caminho. Aplique a estratégia amplamente, corretamente e abertamente.

Então você passará a pensar nas coisas em um sentido amplo e, tomando o vazio como caminho, verá o caminho como o vazio.

No vazio está a virtude, não o mal. A sabedoria tem existência, o princípio tem existência, o caminho tem existência; o espírito é nulidade.

Livros para mudar o mundo. O seu mundo.

Para conhecer os nossos próximos lançamentos
e títulos disponíveis, acesse:

Para mais informações ou dúvidas sobre a obra
entre em contato conosco através do e-mail: